中国金融周期的
测度、机制与政策应对研究

郑小琴◎著

经济管理出版社
ECONOMY & MANAGEMENT PUBLISHING HOUSE

图书在版编目（CIP）数据

中国金融周期的测度、机制与政策应对研究 / 郑小琴著 . -- 北京：经济管理出版社，2024.4

ISBN 978-7-5096-9686-6

Ⅰ.①中… Ⅱ.①郑… Ⅲ.①金融—经济周期分析—中国 Ⅳ.①F832

中国国家版本馆 CIP 数据核字（2024）第 090902 号

组稿编辑：高　娅
责任编辑：高　娅
责任印制：黄章平

出版发行：经济管理出版社
　　　　　（北京市海淀区北蜂窝 8 号中雅大厦 A 座 11 层　100038）
网　　址：www. E-mp. com. cn
电　　话：（010）51915602
印　　刷：唐山玺诚印务有限公司
经　　销：新华书店
开　　本：720mm×1000mm/16
印　　张：9.5
字　　数：165 千字
版　　次：2024 年 4 月第 1 版　　2024 年 4 月第 1 次印刷
书　　号：ISBN 978-7-5096-9686-6
定　　价：98.00 元

前　言

2008 年全球金融危机之后，中国经济增速持续性下滑、经济周期波动幅度逐渐加大。同时，金融系统异常繁荣，非金融私人部门信贷和房地产价格增速较快，如何理解经济系统和金融系统的相互关系成为近年来学术界争论的焦点。实际经济周期理论（Real Business Cycle Theory，RBC）认为，金融是中性的，经济周期波动只受资本、劳动、技术等实际经济变量的影响。然而 2008 年全球金融危机的爆发彻底推翻了这一观点，学术界开始关注金融因素对经济周期波动的影响，提出了金融周期理论。如何测度金融周期现象本身、金融周期通过何种机制对经济周期波动发挥何种作用以及如何通过宏观经济政策稳定金融周期，是金融周期理论研究的核心问题。本书正是围绕上述问题展开研究。

首先，本书通过奇异谱方法（Singular Spectrum Analysis，SSA）对中国的金融周期和经济周期进行了测度，结果显示，中国的金融周期和经济周期均同时存在短周期和中周期。其中，从短周期来看，经济周期的长度大于金融周期，但金融周期的波动幅度大于经济周期。从中周期来看，金融周期与经济周期的长度和波动幅度基本一致。

其次，在理论层面，本书通过动态随机一般均衡模型（DSGE）对中国金融周期影响经济周期波动的机制进行了模拟。模型主要考虑了两种机制，即企业抵押约束和商业银行资本约束，贝叶斯估计结果表明，这两种机制均放大了经济周期波动。在实证层面，将金融周期与金融加速器理论相联系，利用金融周期的变量和方法，通过马尔科夫区制转换向量自回归模型（MSVAR）对中国金融加速器效应的区制特征进行了实证研究。结果表明，剧烈波动期内的金融加速器效应远强于平稳期，即与平稳期相比，当经济处于剧烈波动期时，金融周期对经济周期波动的放大作用更强。这表明，中国人民银行应通过甄别不同时期内金融加速器的不同效应，设计有区别的货币政策与宏观审慎政策，以减轻金融加速器效应对经济造成的不利影响。

再次，本书研究了货币政策对金融周期的影响。一方面，借鉴消息冲击的方式将预期管理的货币政策纳入一个 DSGE 的分析框架中，比较分析了传统的货币政策和预期管理的货币政策对金融周期的稳定作用。结果表明，预期管理的货币政策在稳定金融周期方面的效果优于传统的货币政策，而且预期管理的货币政策使整个社会的福利损失变小。这表明，中国人民银行应通过沟通等形式引导公众预期以稳定房地产价格和信贷，从而减轻金融周期对经济周期的放大作用，防范系统性金融风险。另一方面，比较分析了数量型货币政策和价格型货币政策对金融周期的影响。通过构建包括数量型货币政策工具、价格型货币政策工具、金融周期和经济周期的结构向量自回归模型（SVAR），对不同货币政策工具在稳定金融周期方面的作用以及偏向进行了实证研究。结果表明，数量型货币政策在稳定金融周期方面的效果好于价格型货币政策，原因是政策利率传导至信贷市场利率的渠道不通畅，说明中国人民银行需要进一步推进利率市场化，疏通从政策利率到信贷市场利率的传导渠道。

最后，本书研究了宏观审慎政策对金融周期的影响。选择拨备覆盖率、流动性比例和超额准备金作为宏观审慎政策的代表变量，运用滚动回归 VAR 模型对三种宏观审慎政策工具影响金融周期的时变性特征和相对有效性进行了实证研究。结果表明，随着时间的推移，宏观审慎政策稳定金融周期的效果越来越显著，而且三种宏观审慎政策工具对金融周期变量的影响偏向不同。拨备覆盖率和流动性比例对房地产价格具有较好的稳定作用，而对信贷和宏观杠杆率的稳定作用不明显；超额准备金在金融危机期间对信贷、房地产价格和宏观杠杆率均有较好的稳定作用。

目 录

第1章　绪论

1.1　研究背景

　　2008年的全球金融危机给全球经济造成了巨大的影响。习近平总书记在主持中共中央政治局就完善金融服务、防范金融风险举行的第十三次集体学习时强调，金融活、经济活；金融稳，经济稳；经济兴，金融兴；经济强，金融强；经济是肌体，金融是血脉，两者共生共荣。金融因素对经济的影响越来越受到经济学界的关注。

　　传统经济学认为影响经济增长的因素是需求和供给，或者说短期取决于需求，长期取决于供给。需求方面的冲击指消费、投资、政府支出及出口，供给方面的冲击指资本、劳动、技术、制度、文化等生产要素。金融只是经济的附属品，货币只是交易媒介，与长期经济增长无关。然而回顾世界经济的发展史，每一次的金融危机都造成了较长时间的经济衰退。例如，20世纪90年代日本资产价格泡沫破裂后，日本经济陷入了长期衰退，被称为"失去的二十年"。1997年由泰国引发的东南亚金融危机、20世纪90年代到21世纪初拉丁美洲国家相继出现的债务危机、2007年席卷全球的美国次贷危机、2010年爆发的欧洲债务危机都不同程度地说明金融冲击对经济影响的深度和广度。

　　截至2019年底，距离2008年全球金融危机已有11年，然而世界主要发达经济体依然复苏乏力。国际货币基金组织（International Monetary Fund，IMF）自 2019 年以来连续下调对 2019 年经济增速的预测，10 月《世界经济展望报告》的估计值仅为 2.9%，创金融危机以来新低①。自 2008 年全球金融危机后，虽然美国经济增长强劲恢复，但 2018 年后又出现下滑趋势，2019 年美国 GDP 增长 2.16%，比 2018 年下降 0.84 个百分点。自欧洲债务危机后欧洲主要国家的经济曾经历短暂上升，但自 2015 年又陷入长期低迷，英国 2019 年经济增速仅为 1.37%，德国经济增速为 0.56%，法国经济增速为 1.51%。日本经济增速则长期徘徊在 1% 左右，2019 年经济增长仅为 0.65%。

伴随全球经济持续低迷的是货币超发带来的全球债务攀升、资产价格飞涨。2008 年，全球金融危机后，为稳定经济，美国、日本、欧洲各国纷纷推出量化宽松的货币政策，虽然货币增速持续高于经济增速，但经济增长微乎其微，过剩的流动性流向金融和资产市场。据国际金融协会（Institute of International Finance，IIF）统计，全球债务余额（包括政府、企业、家庭、金融机构债务）截至 2019 年 12 月底达到 260 万亿美元，比 2008 年底增加 106.1 万亿美元，全球债务占 GDP 比率达到 329.9% 的历史高点，其中非金融部门债务占 GDP 比率为 243.2%。除了债务的迅速增加，自 2008 年全球金融危机以来，除中国以外的股票市场也达到了前所未有的高度，美国道琼斯指数翻了 3 倍多，纳斯达克指数翻了 8 倍，英国富时 100 指数也已超过危机前水平，日经 225 指数超过危机前水平 50%。

究竟是什么原因导致全球金融危机后经济增长的持续低迷？一种观点是以美国财政部前部长萨默斯（Larry Summers）为代表的长期停滞论，他认为人口老龄化、贫富差距等结构性因素导致持久的增长乏力，尤其是当利率降到零下限后，货币政策放松的空间受到限制（彭文生，2017）。另一种观点则是关注金融的影响，国际货币基金组织前首席经济学家罗格夫（Kenneth Rogoff）从超级债务周期的角度理解危机后的疲弱，国际清算银行（Bank for International Settlements，BIS）研究人员倡导用金融周期理论来理解当前经济的走势，分析债务和房地产的顺周期性对经济的影响（彭文生，2017）。

---

① 2019 年 10 月 IMF 发布的《世界经济展望报告》。

对于中国来说，当前面临的最主要矛盾是金融和经济发展的不平衡。一方面，自 2008 年全球金融危机发生以来，经济增速持续性下滑，从 2007 年最高时的 14.2% 下滑到 2019 年的 6.1%，这是 2000 年以来的最低；另一方面，金融异常繁荣。金融繁荣主要表现为宏观杠杆率的急剧攀升和房地产价格的持续性上涨。

宏观杠杆率从总量上看，非金融部门信贷（包括居民、非金融企业及政府）占 GDP 的比重由 2008 年的 141.3% 上升到 2019 年的 257.6%[①]。同时期，发达国家的宏观杠杆率由 240.1% 上升到 273.5%，美国的客观杠杆率由 239.6% 增长到 253.6%。虽然中国的宏观杠杆率略低于发达国家平均水平，但是增长速度远超美国等发达国家[②]。分部门来说，中国家庭部门杠杆率总量和增长速度都低于企业部门，2019 年第四季度我国的家庭部门杠杆率为 54.4%，2008~2019 年平均增幅为 3.2%，非金融企业 2018 年末的杠杆率为 149.4%，2008~2019 年平均增幅达 5%[③]。而同时期 2019 年第四季度美国家庭部门的杠杆率为 74.5%，2008~2019 年平均下降 2.19%；非金融企业的宏观杠杆率为 75.7%，2008~2019 年平均增长 0.46%[④]。

另外，中国房地产价格增速较快，2008~2019 年，全国住宅商品房平均销售价格从 3576 元/平方米增长到 9146 元/平方米，增长了约 1.56 倍[⑤]。不仅房地产价格上升速度较快，房地产贷款占整个贷款余额的比重也较高。2019 年末，全国主要金融机构（含外资）房地产贷款余额为 44.41 万亿元，同比增长 14.8%。房地产贷款余额占各项贷款余额的 29%，而在 2008 年房地产贷款余额仅为 5.28 万亿元，仅占各项贷款余额的 18.3%[⑥]。

金融的异常繁荣和经济增速的下滑并存，引发政府和学术界的担忧，党的十九大报告明确指出，要健全金融监管体系，守住不发生系统性金融风险的底线。因此，要理解中国目前及今后的宏观经济，必须考虑金融的影响。

关于金融因素如何影响经济的研究，主要分为两个层面：一是金融因素对经济增长的促进作用。如在金融危机之前，大多数经济学家认为金融深化促进了长

---

① ② ③ ④　数据来源于 BIS 网站：https：//www.bis.org。
⑤　根据国家统计局网站全国住宅销售额除以销售面积测算。
⑥　数据来源于《2019 年第四季度中国货币政策执行报告》。

期经济增长，因为它有利于收集信息、监控项目与贸易以及分散和管理风险，从而改善了资源配置（Levine，2005）；而大多数经济学家没有考虑金融深化带来的负面作用，如信贷和房地产价格的强劲增长（Nowotng et al.，2014）。二是金融因素对经济增长的破坏作用和对经济波动的放大作用。2008 年全球金融危机爆发后，很多经济学家开始关注后者。

金融周期理论的核心正是金融因素对经济波动的放大作用及机制，具体来说，以金融周期本身存在的周期性特征为基础，研究金融周期通过何种机制影响经济波动以及如何采用宏观经济政策稳定金融周期。本书正是基于目前中国的经济现实，以测度中国的金融周期为基础，进一步研究中国金融周期影响经济波动的作用及机制，探讨如何利用宏观经济政策稳定金融周期。本书的研究有助于全面认识中国的金融周期规律，并试图从金融周期的角度去理解中国当前的宏观经济状况，给当前的宏观经济政策提供一定的理论及实践指导。

1.2　研究意义

首先，金融周期与金融危机紧密相关，根据 Borio（2014）的研究，金融周期的波峰紧跟着金融危机。美国、英国等七大工业国国内产生的金融危机发生在或紧跟着金融周期的波峰（Drehmann et al.，2012）。因此，通过测度中国的金融周期可以帮助决策部门实时诊断系统性风险发生的时点及强度，为宏观经济政策的执行提供一定的理论指导。而且，通过测度中国的金融周期可以理解金融周期与经济周期之间的相互关系，帮助决策部门甄别二者之间的协同性，当二者同步或方向相反时，执行有针对性的货币政策和宏观审慎政策，以达到稳定金融系统和经济系统的目的。

其次，金融周期理论的本质是研究金融周期如何影响经济周期波动。中国的金融体系和发展阶段不同于西方发达国家，金融周期的运行机制也不尽相同。一方面，从理论上来看，借鉴金融加速器理论的方法，通过构建动态随机一般均衡模型模拟金融周期的微观传导机制，厘清金融变量与其他宏观经济变量之间的互动机制，为理解中国当前的经济现实提供一定的理论依据；另一方面，从实证上来看，将金融周期与金融加速器效应相关联，将对金融周期的思考移植到金融加速器效应中，通过构建计量经济模型对中国的金融加速器效应进行实证分析，并结合中国不同时期的金融经济特征，注重分析金融周期放大经济周期的时变性特征，为进一步深入理解中国的金融周期提供一种新的思路。

最后，研究金融周期最终要落实到宏观经济政策上来。中国货币政策目标众多，不仅关注经济稳定和价格稳定，全球金融危机发生后，货币政策还扮演了稳定金融的角色。研究不同货币政策工具对金融周期的相对有效性，可以帮助决策部门更好地把握不同的货币政策工具在稳定金融周期方面的差别，从而更好地选择合适的货币政策工具以达到稳定金融周期的目的。另外，金融周期和经济周期的波动趋向并不总是一致的，经济周期平稳时，金融周期的波动幅度可能较大，单靠货币政策难以既兼顾经济稳定又兼顾金融稳定，全球金融危机发生后，世界各国引入了宏观审慎政策。中国提出宏观审慎政策的时间较晚，宏观审慎政策框架还不够完善。因此，研究不同宏观审慎政策工具对金融周期的影响，对于进一步完善宏观审慎政策框架以及更好地与货币政策相互配合具有重要的实践意义。

1.3　金融周期的内涵

1.3.1　金融周期的本质

马克思虽然没有直接提出金融周期的概念，但从货币运动形态的角度描述了金融和经济之间的互动关系。马克思认为金融运动本质上是货币资本的运动。首先，货币资本作为产业资本的起点，经过生产形态的资本、商品形态的资本，然后又回到了货币资本的形态，并实现了货币的增值。正是由于商品和货币在价值形式上的对立以及货币的流通和支付手段等职能，使经济危机和金融危机的爆发出现了可能。

金融周期的概念是金融周期研究的开端。究竟什么是金融周期？国内外很多学者对金融周期的概念进行了界定。金融周期的概念有两个层次：

金融周期的第一个层次是金融周期现象本身，指金融系统内部产生的金融变量的扩张或收缩。如中国人民银行将金融周期定义为"由金融变量的扩张和收缩引起的周期性波动"，并认为"金融周期的主要核心指标是广义信贷和房地产价格，前者代表融资条件，后者反映投资者对风险的预期和态度"①。Borio（2014）则认为，金融周期是在一个有金融约束的环境中，经济参与者权衡风险和收益过程中所形成的经济行为自我强化及由此导致的金融繁荣和萧条交替出现的现象。中国学者认为，金融周期是指金融经济活动在遭受内外部冲击后，经由金融体系传导而形成的与宏观经济长期均衡水平紧密关联的连续波动和周期性变化（邓创和徐曼，2014）。

本书认为，马克思从资本运动的形态定义了金融周期和经济周期关系的本质，相对比较抽象。中国人民银行对金融周期和经济周期关系的本质的定义较为具体，主要指信贷和房地产作为抵押品之间的相互推动作用。Borio（2014）对金融周期和经济周期关系的本质的定义比较准确且具体全面，界定了金融周期的波动内涵（对收益和风险的认知与对待风险和融资约束的态度之间的自我强化）、形态特征（繁荣与崩溃）、对象（价值与风险），并明确了金融周期的核心指标。其具体的逻辑是：收益和风险在金融领域总是相互伴随的，收益越高，风险就越大。而对待风险的态度取决于个体或"动物精神"，当融资约束条件变得宽松或融资成本下降时，"动物精神"驱使个人由风险厌恶者变为风险爱好者，这种行为由个体行动变为集体行动或者由单个部门延伸到各部门之间时，整个社会经济表现为信贷大幅度扩张、金融部门空前繁荣。但是金融部门的繁荣最终要以实体经济为支撑，当这种金融繁荣与实体经济脱节或受到实体经济负面冲击时，金融繁荣就不能持续，这种反向作用会由点到线再到面，造成经济的剧烈波动甚至带来金融危机。在这个过程中，发生变化的最主要的两个变量就是信贷和房地产价格，信贷和房地产价格之间的相互促进、自我加强推动金融繁荣或金融萧条交替出现，进而引起实体经济的波动。

---

① 中国人民银行《2017 年第四季度中国货币政策执行报告》专栏 4 文章《健全货币政策和宏观审慎政策双支柱调控框架》。

金融周期的第二个层次是金融周期的机制，即金融因素引起经济周期波动的机制，因而也被称为金融经济周期。这种观点主要是从传导途径上探讨金融因素如何导致经济周期波动。如欧文·费雪（Irving·Fisher）的债务—通货紧缩理论、明斯基的金融不稳定假说和伯南克的金融加速器理论等都从不同的角度阐述了金融因素如何导致并放大经济周期的波动。以上理论的具体传导机制在本书第2 章文献综述部分阐述。

1.3.2　与金融周期相关的概念

要彻底理解金融周期的概念，必须将其与经济学中已经存在的其他概念（如金融发展、金融摩擦及金融稳定）相区别。

金融发展是一个综合性的概念，主要指金融结构的变动和金融中介效率提高的过程（李扬，2014）。金融发展是与金融抑制相对而言的，根据罗纳德·麦金农和爱德华·肖的金融发展理论，发展中国家通过设立特别信贷机构、实施较高的存款准备金率和严格的利率管制来控制整个社会的金融资源。衡量金融发展的指标主要是金融相关比率，即金融资产总额与 GDP 的比值。

金融摩擦是指由于金融市场上信息不对称而产生的成本，主要包括信息成本、控制成本、监督成本以及市场分割成本（Calomiris and Ramirez，1996）。由于借贷活动中借款人拥有私人信息的优势，而金融中介机构无法观测到借款人的生产活动或交易资产的质量，为了避免贷款的损失，金融中介需要支付状态监测成本（Costly State Verification），这将会提高借款人的借贷利率，从而增加借款人的借款成本（Gertler，1989）。除此以外，由于信息不对称，金融中介机构为防止贷款收不回来，还会要求借款人提供抵押品，这都会增加信贷的成本，造成信贷资源的错配。

"金融稳定"在中国理论界尚无严格的定义。欧洲中央银行将金融稳定定义为金融机构、金融市场和市场基础设施运行良好，能抵御各种冲击而不会降低储蓄向投资转化的效率的一种状态。

首先，金融周期不同于金融发展，但与金融发展密切相关。金融发展过程中往往伴随金融自由化以及金融工具的创新，而金融自由化和金融工具的创新使金融因素对经济波动的影响更为剧烈。换句话说，金融发展是金融周期的助推器，如果一个国家的金融发展滞后，金融抑制程度较高，则金融因素对经济波动的影响程度较小，在这种情况下，研究金融周期就失去了意义。其次，金融周期也不等同于金融摩擦，但金融摩擦会带来经济周期的波动。例如，金融加速器理论、信贷周期理论等都是由于借贷双方信息不对称而产生金融摩擦，进而使金融一个较小的波动导致经济中一个较大的波动，即金融摩擦放大了经济周期波动，金融摩擦是造成金融周期的原因之一。但金融周期的含义比金融摩擦更加宽泛，金融周期泛指一切金融因素导致的经济波动。最后，金融周期与金融稳定密切相关。如果金融周期的波动幅度较小，则意味着金融系统运行平稳；如果金融周期的波动幅度较大，尤其是下降幅度大而且持续时间长，则意味着金融系统不稳定，需要采取适当的宏观经济政策熨平金融周期。

1.4 本书研究方法

1.4.1 动态随机一般均衡模型

DSGE 模型是近年来在宏观经济研究领域中应用非常广泛的一种数理经济模型。本书通过构建一个包含家庭、企业、银行的 DSGE 模型，模拟了中国的金融周期机制。模型主要考虑企业面临的抵押约束以及商业银行面临的资本约束是如何引起经济周期波动的。为考察预期管理的货币政策如何影响金融周期，本书借鉴了消息冲击的思想将预期管理的货币政策引入 DSGE 模型，分析了传统的货币政策和预期管理的货币政策对金融周期的影响。

1.4.2 计量经济模型

（1）奇异谱方法。第 3 章在测度中国的金融周期时采用了奇异谱方法。奇异谱分析是近年来兴起的一种研究非线性时间序列数据的强大的方法。奇异谱分析方法最早由 Colebrook 于 1978 年首先在海洋学研究中提出并使用。Hassani（2007）将这种方法引入社会问题研究中来，并用其预测了美国交通事故的月时间序列数据。具体的算法将在第 3 章介绍。

（2）向量自回归（VAR）模型。向量自回归模型主要基于数据的统计性质建立模型，主要是把系统中每一个内生变量作为系统中所有内生变量滞后期的函数来构造模型（高铁梅，2009）。VAR 模型有很多的变形或扩展形式，本书主要运用了其中的 MSVAR 模型、SVAR 模型和滚动回归 VAR 模型。

MSVAR 模型假定在不同的时间区间，宏观经济时间序列的关系是不同的。本书第 5 章借鉴金融周期的相关理论研究中国的金融加速器效应时，假设金融加速器效应在不同的时间区间是不同的，因此利用 MSVAR 模型研究了中国金融加速器效应的区制特征。

第 7 章在研究货币政策对金融周期的作用时，采用了 SVAR 模型。由于普通的 VAR 模型没有给出变量之间当期相关关系的确切形式，致使产生的脉冲响应函数无法做出结构性的解释。而 SVAR 在一定程度上解决了上述问题，使脉冲响应函数具有明确的经济学含义。本章通过构建包含货币政策、金融周期和经济周期的 SVAR 模型，研究了货币政策对金融周期各变量的稳定作用，并比较了各种货币政策工具对金融周期和经济周期的相对有效性。

在第 8 章研究宏观审慎政策对金融周期的作用时，采用了滚动回归 VAR 模型。由于中国宏观审慎政策的历史较短，难以形成较长的时间序列样本数据，为使模型估计系数具有时变性，如果采用时变向量自回归模型，估计结果会有偏差。因此，采用滚动 VAR 回归模型研究宏观审慎政策对金融周期的影响，该模型既可以避免估计偏差的问题，又可以捕捉变量间的时变性关系。不同于普通的 VAR 模型，滚动回归 VAR 模型的估计过程是将整个时间序列数据设定一个固定的区间长度，每次回归完向前滚动 1 个时期，直到数据结束。

1.4.3 比较分析法

在测度中国金融周期时，本书采用了 HP 滤波法和奇异谱分析两种测度的方法。通过比较两种方法在测度金融周期的异同及优劣，得出中国金融周期的测度结果。在研究货币政策稳定金融周期的有效性时，比较分析了不同货币政策工具对金融周期的影响。在研究宏观审慎政策稳定金融周期的有效性时，比较分析了不同的宏观审慎政策工具对金融周期的影响。在货币政策预期与金融周期部分,比较分析了预期管理的货币政策和传统的货币政策对金融周期的影响。

1.5 本书结构安排

1.5.1 本书的研究思路

首先,基于 HP 滤波法和奇异谱分析对中国的金融周期进行测度。其次,探讨金融周期的机制,即金融因素通过何种机制放大经济周期波动,一方面基于 DSGE 模型,考虑企业抵押约束和商业银行资本约束两种机制对经济周期波动的影响;另一方面将金融周期与金融加速器效应相联系,并基于 MSVAR 模型研究中国金融加速器效应的区制特征,即不同时间区间内金融周期对经济周期波动放大作用的不同。最后,分析宏观经济政策对金融周期的影响,主要分为三个层面:一是研究预期管理的货币政策对金融周期的影响;二是研究不同的货币政策工具对金融周期的影响效应及偏向;三是研究宏观审慎政策在稳定金融周期方面的作用。本书的技术路线如图 1.1 所示。

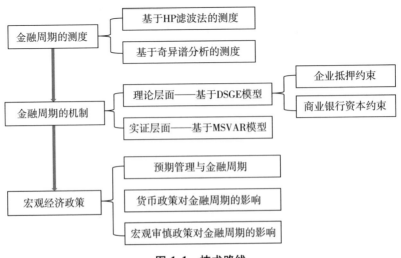

图 1.1 技术路线

1.5.2 本书的研究内容

本书的主要内容如下：

第 1 章为绪论。主要介绍本书的选题背景与研究意义、核心概念界定、研究方法、研究思路与研究内容，最后介绍本书的创新点。

第 2 章为文献综述。主要是对国内外学者对金融周期的研究成果进行梳理和评述，包括金融周期的测度、金融周期的机制、金融周期与货币政策、金融周期与宏观审慎政策等。

第 3 章为金融周期的测度。关于中国金融周期的测度，不同的学者采用的核算方法不同，得出的结果也不尽相同。本章通过对比各种测度方法的优劣，选用了奇异谱方法来测度中国的金融周期，并将其结果与 HP 滤波方法得到的结果进行对比。

第 4 章为金融周期的机制——基于 DSGE 模型。本章借鉴金融加速器理论的框架，运用动态随机一般均衡模型研究中国金融周期的机制，即金融因素是如何导致经济周期及其他宏观经济变量波动的，其中主要考虑企业抵押约束和商业银行资本约束对经济周期波动的影响。

第 5 章为金融周期与金融加速器效应。本章将金融周期与金融加速器效应相联系，利用第 3 章得到的金融周期和经济周期指标，通过构建二者的马尔科夫机制转换向量自回归模型对中国的金融加速器效应，即金融周期放大经济周期波动的区制特征进行实证研究，并进一步探讨其中的缘由。

第 6 章为预期管理与金融周期——基于消息冲去的 DSGE。从消息冲击的视角将预期管理的货币政策引入一个 DSGE 模型，分析比较传统的货币政策与预期管理的货币政策对金融周期的影响。

第 7 章为数量型与价格型货币政策对金融周期影响的对比分析。本章通过构建包含货币政策、金融周期和经济周期的结构向量自回归模型，探讨货币政策工具在稳定金融周期方面的作用，并分析不同货币政策工具在稳定金融周期和经济周期方面有哪些偏向和不同。

第 8 章为宏观审慎政策对金融周期的时变影响。本章选取合适的宏观审慎政策变量，构建包括宏观审慎政策、货币政策以及金融周期的滚动回归 VAR 模型，一方面探讨宏观审慎政策在稳定金融周期各变量的作用及偏向，另一方面探讨货币政策与宏观审慎政策在稳定金融周期方面相互配合的有效性。

第 9 章为结论与展望。本章概括了全书的主要结论，并指出了研究存在的不足和未来的研究方向。

1.6 本书的创新之处

本书具有一定的探索性，研究的主要改进与创新体现在如下四个方面：

第一，在研究方法上，采用奇异谱方法测度中国的金融周期，该方法能够更好地捕捉金融变量的周期性特征，从而为正确判定和识别中国的金融周期提供了一种新的思路。

第二，在理论上，借鉴消息冲击的视角将预期管理的货币政策引进 DSGE 的分析框架，比较分析传统的货币政策和预期管理的货币政策对金融周期的影响，从而为中国人民银行采用预期管理稳定金融周期提供一定的理论指导。

第三，在实证上，将金融周期理论与金融加速器效应相联系，通过构建马尔科夫区制转换向量自回归模型对中国的金融加速器效应，即金融周期放大经济周期波动的区制特征进行实证研究，是当前关于金融周期研究的一个新的视角。

第四，在如何通过货币政策稳定金融周期方面，针对中国货币政策多目标、多工具的特殊性，比较分析了数量型货币政策与价格型货币政策在稳定金融周期方面的不同偏向和作用，为中国人民银行通过货币政策稳定金融周期提供了一定的指导。

第 2 章　文献综述

　　关于金融周期的研究主要涉及三个方面，即金融周期的测度、金融周期的机制以及如何运用宏观经济政策稳定金融周期。本章试图从这三方面去阐述国内外研究现状。

2.1　关于金融周期测度方面的研究

　　关于金融周期测度方面的文献主要是在变量选取和测度方法上有所不同。

　　Drehmann 等（2012）选取信贷、信贷/GDP、住宅价格、股票价格和总资产价格指数（包括住宅地产、商业地产和股票）五个变量，利用带通滤波（Band-pass Filter）和转折点法测度了美国等七大工业国的金融周期，结果表明：①当寻求金融周期与宏观经济衰退的重要关联时，应聚焦于中期；②金融周期的波峰与金融危机紧密相连，因而对经济有严重的危害；③捕捉金融周期的最合适的变量是信贷和房地产价格；④20 世纪 80 年代中期之后，金融周期的长度、波动幅度以及对经济的破坏性逐渐增强。Claessens 等（2012）选取信贷、房价和股票价格三个变量，利用转折点法分析了 21 个发达国家的金融周期，发现：①金融周期随时间推移趋向于更长、波动更剧烈；②不仅国内金融周期的同步性很高，而且国家间金融周期的同步性也随着时间推进逐步增强；③金融周期各变量之间的相互影响加强放大，尤其是在信贷和房地产市场同时处于衰退时；④全球性的同步衰退与更持久、代价更大的金融周期相关。

国外近期的研究又出现了多种计量金融周期的方法。比如 Strohsal 等（2019）利用时间序列谱分析的方法比较了 1985 年前后美国、英国和德国金融周期的变化，得出 1985 年以后美国和英国的金融周期由短周期变为中周期（德国从 1990 年后开始）。Schüler 等（2015）结合多变量频域方法和时变方法分析了 1970~2013 年欧洲 13 个国家的金融周期，结果表明：信贷和资产价格具有周期相似性，而且二者在预测系统性银行危机方面优于信贷与产出比值缺口这个变量。Voutilainen（2017）提出了一种基于小波的方法来测度金融周期，结论显示：基于该方法的金融周期在早期发现银行危机时表现良好。Gonzalez 等（2015）基于贝叶斯结构时间序列模型（Structure Time Series）和奇异谱分析法估计了 28 个国家的信贷周期和商业周期，结果显示：由信贷与产出比值缺口衡量的金融周期确实比商业周期更长，但是比巴塞尔委员会（Basel Committee on Banking Supervision，BCBS）宣称的要短（BCBS 认为金融周期是商业周期的 4 倍）。

国内的大多数学者使用拐点法和滤波方法来测度中国的金融周期。例如，伊楠和张斌（2016）选取私人部门信贷、私人部门信贷/GDP 和国房景气指数，通过带通滤波和转折点法构建中国的金融周期指标，研究发现，中国金融周期的长度显著大于经济周期，并具有慢升快降的特征。范小云等（2017）通过带通滤波测算了 1996~2015 年中期低频范围内的中国金融周期，得出 2004~2008 年为金融周期上行期，2009~2015 年为金融周期下行期；金融周期比经济周期持续时间更长、波动幅度更大，而且中国金融系统对实体经济波动具有显著的放大作用。马勇等（2016）通过 HP 滤波方法构建了综合性的金融周期指数，对金融周期和经济周期之间的关系进行了实证分析，结果表明，金融周期不仅与经济周期密切相关，而且对经济周期具有良好的预测能力，同时，金融周期是宏观经济波动的重要来源。此外，李拉亚（2016）、彭文生（2017）等学者也对中国的金融周期进行了测算，这里不再细述。

2.2　关于金融周期机制方面的研究

金融周期的机制是指金融因素通过何种机制影响经济波动，主要分为两个层面：第一个层面是金融周期与经济增长，即金融因素对经济的长期趋势性影响；第二个层面是金融周期与经济波动，即金融因素对经济短期波动的影响。

2.2.1　金融周期与经济增长

2008 年全球金融危机爆发之前，关于金融因素对经济增长的影响方面的研究主要探讨金融发展如何影响技术进步，进而促进经济增长的机制。如 Levine（2005）研究发现，金融能激发企业家精神并为技术创新融资，从而推动技术进步。Rajan 和 Zingales（1998）认为，金融发展可以改善金融体系的运行效率，提高金融配置效率，降低融资成本，促进技术进步。这里金融系统对经济增长只起到间接的作用。

2008 年全球金融危机发生之后，经济学家开始反思对金融与经济增长关系的理解。危机前，大多数经济学家认为金融深化会促进经济的长期增长（Levine，2005），但忽略了私人部门信贷的繁荣和房地产价格的强劲增长（Nowotny et al.，2014）。早在 20 世纪 90 年代中期，Gregorio 和 Guidotti（1995）就证实拉丁美洲国家的金融发展对经济增长的作用不明显。因此，金融与经济增长的关系不仅是一个长期现象，还是一个重要的周期性因素，这点在危机之前被广泛低估（Borio et al.，2013）。

国际清算银行研究部门主管博里奥（Borio）在华盛顿举行的第 33 届美国经济政策会议上指出，金融危机后全球经济的缓慢复苏是因为受到金融周期的拖累，而不是传统因素导致的经济停滞（Borio，2017）。这是因为，信贷繁荣会严重损害经济的健康发展（Borio et al.，2016）。一方面，快速的信贷增长使金融或银行危机风险增加（Lowe and Borio，2002；Cecchetti et al.，2009；Drehmann et al.，2011；Gourinchas and Obstfeld，2012；Mian and Sufi，2009）。而且，金融危机期间发生的银行危机会对产出造成非常严重的损害，复苏速度较慢且持续时间较长（Committee，2010）。例如，20世纪30年代的美国、20世纪80年代的拉丁美洲国家以及20世纪90年代后的日本，经济增速、房地产价格显著低于危机发生的前十年，失业率高于危机发生的前十年（Reinhart C. and Reinhart V.，2010）。另一方面，金融周期导致资源错配，使经济增长复苏缓慢。金融繁荣期间，信贷起到促进作用，金融约束的弱化使支出和资产购买得以发生，这导致资本和劳动力的资源错配；当金融由繁荣转向崩溃时，资产价格和现金流下降，债务成为主导变量，经济中的个体为了修复其资产负债表而削减支出，同时，太多的资本集中在过度增长部门阻碍经济复苏，而且异质的待业劳动力增加了调整成本（Borio，2014）。Praet（2016）也得出类似的结论，资产价格泡沫，比如房地产市场，通常伴随资源错配和低增长。Cecchetti 和 Kharroubi（2015）则通过实证研究证明了金融繁荣确实抑制经济增长，其机制为：一是由于金融部门的增长使部门之间利益分配不均，低生产率与抵押物更多的部门受益更多，即金融繁荣降低了劳动生产率；二是由于熟练劳动力的错配，即金融部门熟练劳动力的需求对其他部门形成了挤出效应。

国内关于金融周期对经济增长的研究较少，陈雨露等（2016）选取68个样本国家的数据，运用面板数据的方法对金融周期与金融波动对经济增长和金融稳定进行研究，结果表明，在金融高涨期和衰退期，经济增长率较低，容易爆发金融危机，而金融正常期的经济增长率较高，金融体系的稳定性也更强。

2.2.2　金融周期与经济波动

关于第二个层面的金融周期与经济波动，主要是指金融因素通过何种机制放大经济周期波动。

（1）欧文·费雪的"债务—通货紧缩"理论。1932年，欧文·费雪出版了《繁荣与萧条》一书，首次提出了"债务—通货紧缩"理论，该理论是指经济主体的过度负债和通货紧缩这两个因素相互作用、相互增强，从而导致经济衰退，甚至引发严重的萧条。他认为货币市场其实就是债务市场，当新发明、新产业或新资源等出现时，企业为了获得新的投资机会便会去借债，这时银行信贷系统扩张，企业债务增加，同时伴随通货膨胀。但是当某一时点经济处于"过度负债"

的状态时，企业为了偿还债务而廉价抛售资产，导致货币流通速度下降、货币供给减少以及价格水平下降。在没有外在的"再通胀"政策干预下，价格的下降使实际债务的增加超过了实际债务的减少，债务越还越多。上述过程周而复始，二者彼此推动，形成了债务和通缩的循环，从而导致整个社会的信心丧失，企业破产、产出减少、失业增加，使经济陷入衰退。

（2）明斯基的"金融不稳定"假说。明斯基（1975）吸收欧文·费雪和凯恩斯的思想，认为资本主义经济中存在一种内生的不稳定，这种不稳定来自金融结构的脆弱性。这里的金融结构是指明斯基区分的三种融资结构的比例，分别为对冲融资、投机融资和旁氏融资。对冲融资是指未来的收入流能够偿付利息和本金，投机融资是收入流仅能偿付利息而无法偿付本金，而旁氏融资则是收入流连利息也不足以偿付，债务会随着利息变为本金而增加。在扩张进程中，公司和家庭的融资行为发生演化，开始时大部分是对冲融资，后来投机融资比例逐渐增加，最后甚至包括旁氏融资。金融机构行为从对冲融资到投机融资再到旁氏融资的转变是一个健全金融机构逐步转向脆弱的特征。明斯基的金融不稳定假说成为经济学界解释 2008 年全球金融危机的重要理论。

（3）博里奥的"金融周期"假说。与"债务—通货紧缩"理论和"金融不稳定"假说不同，Borio（2014）的"金融周期"理论更多的是对"金融周期"概念的重新定义和界定，他认为金融周期有独立的运行特征，之前已经对"金融周期"的概念及内涵进行了详细阐述。该篇文章还指出，对金融周期建模需要考虑三个特征：一是金融繁荣导致的商业波动是内生的，正是金融繁荣种下了其之后崩溃的种子；二是金融繁荣期存在债务和资本存量的累积（非均衡超额存量）；三是潜在产出作为非通胀产出和可持续产出的区别。为了将以上三个特征纳入模型，Borio（2014）给出了建模的三个建议：一是抛弃模型一致（"理性"）预期，因为经济个体对经济有完全理解的假设是人为的；二是允许经济主体对风险的态度随经济、财富和资产负债表的状态而变化；三是深入刻画经济体的货币属性，银行系统不仅将实体资源从一个部门转移到另一个部门，它还产生购买力。

（4）伯南克的"金融加速器"理论。上述三种理论都是从宏观上理解金融因素影响经济波动的机制，而伯南克的"金融加速器"理论则指出了金融因素影响经济波动的微观机制。

Bernanke 等（1999）提出了"加速器"理论，该理论的基本思想是由于债权人和借款人之间存在信息不对称或道德风险，导致借款人对该项贷款的回报比债权人更加了解或者借款人可能以牺牲债权人的利益来获取收益，因此理性的债权人需要花费一定的审查成本（Auditing Cost）来监督借款人，审查成本也被称作代理成本，代理成本的存在导致外部融资溢价，即外部融资比内部融资更加昂贵。当实体经济处于上升期时，资本净值增加，代理成本和外部融资溢价相应降低，导致投资增加，从而推动实体经济进一步增长。当实际经济处于下行期时，结论则相反。Bernanke 等（1996）正式提出"金融加速器"理论，事实上，这篇文章的实证意义大于理论意义，其对金融加速器的定义与此前 Bernanke 等（1999）对加速器的定义无实质性差别。

Bernanke 等（1999）将上述金融加速器的思想引入动态随机一般均衡模型，分析了金融加速器在经济周期中的作用，即金融市场的小冲击是如何导致实体经济大波动的，这就是著名的 BGG 模型。该模型构建了一个外生冲击经由金融体系最终导致宏观经济波动放大的一般均衡分析框架。家庭是资金的贷出方，企业是资金的借入方。由于信息不对称产生的外部融资溢价取决于企业的资产负债表。当经济繁荣时，企业资产负债表良好，内部资金充足，外部融资溢价较小，企业贷款规模增加，投资和产出增加，进而使实体经济进一步繁荣，反之结论则相反。资产负债表是顺周期的，而外部融资溢价是逆周期的，正是外部融资溢价和企业的资产负债表之间的相互关系放大了实体经济的波动，金融加速器机制由此表现出来。Kiyotaki 和 Moore（1997）提出的信贷周期模型也说明了金融的一个小冲击是如何引起产出大波动的，与 BGG 模型不同的是，只有在抵押时才发生贷款行为（BGG 模型是无抵押贷款），也就是说，借款人必须拥有足够量的资本，以便在他们无法偿还贷款时予以没收。这种抵押要求放大了经济周期波动。因为在经济衰退时，资本收入下降，导致资本价格下跌，资本作为抵押品的价值降低，因而迫使它们减少信贷，限制了企业的投资，加速了经济衰退；反之同理，经济繁荣时抵押品价值的上升会加速经济的上行。之后，BGG 模型和信贷周期模型成为经济学家建模的基石，许多当代的金融危机模型都从这两种方法演变而来。

早期的文献大多分析非金融企业的资产负债表约束对经济周期波动的影响。金融危机发生后,很多学者分析家庭和金融中介的资产负债表对金融危机或经济周期波动的影响。如 Eggertsson 和 Krugman（2012）、Guerrieri 和 Lorenzoni（2017）研究了家庭资产负债表约束和经济波动的关系。关于金融中介资产负债表约束对经济波动影响方面的研究很多。Gertler 和 Kiyotaki（2011）强调了金融危机中金融中介的作用,在传统的 BGG 模型中,只有企业受到信贷约束,他们认为银行中介本身也受到信贷约束,在经济低迷时银行资本和银行资产收缩,导致银行信贷成本增加,进而实体经济进一步衰退、资产价格下降,银行与企业、银行与储蓄者之间的代理问题导致了实体经济的波动。Benes 等（2014）通过创建 DSGE 模型模拟了银行信贷在金融危机中的作用,与其他一般 DSGE 模型中关于银行中介部门设定不同的是,他们将银行信贷内生化,认为银行信贷的增加不是由存款创造贷款,而是由贷款创造存款,金融周期的核心机制是银行资产负债表的变化对实体经济的影响。他们还在模型中引入以贷款价值比为指标的宏观审慎政策,研究表明宏观审慎政策可以规制金融周期。

　　以上将金融中介部门引入 DSGE 的模型均为线性影响,没有考虑非线性影响。He 和 Krishnamurthy（2014）研究了金融对经济波动的非线性影响。他们允许经济衰退时资产负债表约束为紧,而在经济繁荣时资产负债表约束为松,也就是说繁荣时期的金融市场无摩擦,但一个负面的冲击可以使资产负债表由松变紧,从而放大了负面冲击对经济波动的作用。利用类似的方法,Brunnermeier 和 Sannikov（2014）开发了一个包含金融中介的 DSGE 框架,当借款人的资产负债表受到负面冲击而变弱时,出于预防而减少的支出大于因资产负债表同等程度变强而增加的支出。这种非对称性可以解释为什么在金融危机期间,当房地产价格下跌引起资产负债表衰退时,家庭消费的下跌程度要大于之前因房地产上升引起家庭消费的上升程度。Gertler 等（2017）开发了一个以银行挤兑为非线性来源的框架:正常情况下,银行的资产负债表良好,债权人有信心,银行也有资源偿还债务,但是当经济衰退使银行资产负债表变弱时,如果其他债权人退出,债权人不再确定他们的存款是安全的,产生自我实现的恐慌成为可能,从而引起信用利差的非线性上升以及资产价格和产出的非线性下降。

　　需要指出,关于金融中介与金融周期或金融危机关系方面的研究并不仅限于金融加速器机制。如 Diamond 和 Dybvig（2000）说明短期债务和长期资产的流动性错配会导致银行挤兑，进而导致实体经济的波动。Schularick 和 Taylor（2012）列举了 1870~2008 年 14 个国家的历史信贷数据，发现金融危机期间金融部门的杠杆率迅速攀升，他们更多从历史统计数据说明了金融危机与金融部门杠杆率之间的关系。Adrian 和 Shin（2010）构建了银行主动承担风险的理论框架，强调了银行风险承担在驱动杠杆率、资产价格和风险偏好中的核心作用。他们的研究中虽未与金融周期相关联，但却反映了银行中介对金融周期核心变量的促进作用。方意和陈敏（2019）以上述 Adrian 等的研究为基础，考察了经济波动冲击下以银行风险承担为核心的金融周期形成机理。Adrian 等（2010）从信贷供给角度出发，研究了货币政策传导中银行所起的作用，货币政策通过影响商业银行的资产负债表而影响信贷供给进而影响实体经济，当货币政策收紧、短期利率上升时，期限利差缩小，银行收益率下降，信贷供给曲线向左移动，因而对实体经济造成负面冲击。

由于房地产是信贷的重要抵押品，会与银行信贷相互加强，并通过资产负债表等渠道影响实体经济。由于房地产价格和信贷既是评判金融周期最核心的变量，也是影响宏观经济的渠道，因此，很多学者为了研究金融周期中房地产价格的作用，将房地产部门加入金融加速器框架下的 DSGE 模型。如 Iacoviello（2005）以信贷周期模型为基础，使用耐心和非耐心两类家庭、名义黏性等设定模拟了房地产价格对宏观经济波动的影响机制，但该模型仅考虑房地产的需求方面，房地产仅以家庭或企业的资产形式出现，没有考虑房地产市场的生产供给。Iacoviello 和 Neri（2010）在上述模型的基础上，将房地产生产部门纳入模型，发现房地产市场对宏观经济存在显著的溢出效应。高然和龚六堂（2017）将地方政府的土地财政行为纳入一个 DSGE 模型框架中，发现房地产需求冲击是导致房地产市场波动的主要冲击，地方政府土地财政行为的存在，不仅显著地放大了房地产市场的波动，而且会传导到实体经济，放大消费、投资和产出的波动。刘一楠（2017）通过建立一个包含房地产信贷抵押约束 DSGE 模型，得出了类似的结论。也有学者将房地产和金融中介纳入同一个 DSGE 模型，如 Iacoviello（2015）构建了一个包含家庭、企业和银行中介的 DSGE 模型，该模型主要研究了由于家庭和企业违约使银行资本减少，进而使贷款供给减少放大经济周期波动的机制。

上述学者主要是从微观传导机制上分析金融周期对经济周期波动的作用，除此以外，很多经济学家还对金融周期与经济周期之间的互动关系进行了实证研究，研究对象以发达国家为主。得出的主要结论是：金融变量和实体经济变量的相互作用放大了经济的波动，并且在繁荣期和衰退期表现为不对称性，衰退期的加速作用更加明显。如 Claessens 等（2009）通过研究 1960~2007 年 21 个经济合作与发展组织（Organisation for Economic Co-operation and Development，OECD）国家所经历的 122 次衰退、112 次信贷收缩、114 次房价下跌和 234 次资产价格下跌及其相互作用对经济增长波动的影响，得出关键宏观经济变量和金融变量间的相互影响是造成经济衰退的主要原因，而且房价下跌和信贷收缩造成的经济衰退更加持久、破坏性更强。Mendoza 和 Terrones（2012）考察了 61 个工业国家与新兴国家 50 年间的信贷周期和关键宏观经济变量间的关系，结果发现，信贷繁荣经常伴随着经济的扩张、股票价格和房地产价格的上升以及实际货币的升值和赤字的增加。Claessens 等（2012）通过分析 1960~2010 年 44 个国家金融周期和经济周期的交互影响，得出以下结论：在衰退期，房地产价格和股票价格下跌加剧了经济周期的衰退，而在复苏期，信贷扩张和房地产市场的繁荣会显著强化经济的复苏。

以上论述表明，关于金融周期机制的文献主要围绕金融因素如何放大经济周期波动的机制展开，那么接下来如何稳定金融周期就成为研究的重点，下面分别就货币政策和宏观审慎政策与金融周期方面的文献进行阐述。

2.3　宏观经济政策与金融周期

2.3.1　货币政策与金融周期

关于金融周期与货币政策的研究分为两个层面：一是货币政策除了以价格稳定和经济稳定之外，是否以金融周期为目标，以及是否以何种规则干预金融周期为目标；二是货币政策通过何种渠道影响金融周期。

关于第一个层面的研究，一种观点认为，货币政策不会达到金融稳定的目标，应该以价格稳定和经济稳定为目标。这是因为，"逆风向而行"的货币政策不能解决债务问题，当利率上升导致通货膨胀低于目标值时，反而会增加实际债务的负担。Svensson 等（2016）进一步强调了这种观点，在降低金融危机发生的可能性或严重性方面，目前似乎别无选择，只能使用货币政策以外的其他政策，如微观和宏观审慎政策、住房政策或财政政策，他还举例说明，相对于风险加权资产 15%~22% 的银行资本就足以避免 1970 年以来 OECD 成员 85% 的历史性银行危机，即充足的资本可能导致危机发生的可能性大幅降低。另一种观点认为货币政策在稳定金融方面具有不可忽视的作用。如 Woodford（2012）认为可以通过货币政策稳定金融。Juselius 等（2016）认为，在整个金融周期中，货币政策会对产出产生长期影响，进而对实际利率产生影响，因而将实际利率的下降主要归因于自然利率的外生下降的说法是不完整的，这些结论说明在经济繁荣或萧条时期系统地考虑金融发展的货币政策规则可能有助于抑制金融周期，从长远来看也会导致更高的产出。即使是最强的微观审慎和宏观审慎政策的组合也不足以稳定金融（Claessens et al.，2011；Viñals，2013；Freixas et al.，2015；Galati and Moessner，2018），这表明单单依靠宏观审慎政策稳定金融是不够的。国际清算银行肯定货币政策在稳定金融周期方面的作用，金融周期持续时间较长，应该利用货币政策防止逐渐积累的金融不平衡。挪威中央银行在货币政策报告里发布了针对金融失衡风险的利率预测，这说明货币政策在防范系统性金融风险方面具有一定的积极作用。

马勇和陈雨露（2017）研究表明，包含金融稳定的货币政策有助于维护经济和金融的"双稳定"。Caruana（2015）提出，货币政策需要重新平衡政策优先顺序，更多关注缓解金融周期（繁荣期与衰退期）问题。马勇等（2017）通过构建一个包含金融因素的扩展型新凯恩斯模型，得出包含金融稳定因素的货币政策有助于在正常时期维护实体经济和金融的"双稳定"，而且能够在压力时期显著降低金融波动对实体经济的不利冲击。可见，除了价格稳定和经济增长外，货币政策是否应该关注金融稳定是中国人民银行面临的一个重要问题。

关于货币政策与金融周期第二个层面的研究，主要是围绕货币政策如何通过影响金融变量进而影响金融周期，这方面的文献以实证研究为主。如 Sami 等

（2017）和 Paolo 等（2015）研究发现，短期内利率上升会使宏观杠杆率（债务/GDP）上升，原因是名义 GDP 对利率的反应比名义债务更加敏感。Jordà 等（2015）、Iacoviello 和 Minetti（2008）研究表明，利率上升 1% 会使实际房地产价格在 10~16 个季度后下降 2%。Rey（2015）研究表明，由于金融全球化，货币政策不仅影响国内的产出和资产价格，也会影响国外的产出和资产价格，因此，发达国家的货币政策对新兴市场国家的金融稳定具有重要的作用。

货币政策除了通过金融变量影响金融周期外，还通过银行风险承担渠道影响金融周期。如 Borio 和 Zhu（2012）研究发现，宽松的货币政策导致银行承担风险的动机增加、杠杆率提高。Bruno 和 Shin（2015）研究了在面临金融条件改变时银行部门杠杆的波动变化及其对实体经济的影响。

2.3.2　预期管理与金融周期

上述文献主要阐述了传统货币政策与金融周期方面的研究，那么除了传统货币政策外，能否采用预期管理的货币政策稳定金融也是一个值得研究的问题。

传统理论认为只有未被预期到货币政策才是有效的，而货币政策一旦被公众预期到就会失效，这是基于 Lucas（1972）提出的理性预期假说。然而，自 20 世纪 90 年代新凯恩斯主义提出"工资和价格黏性"以来，预期的物价水平上升并不会引起工资水平和物价水平同等程度的变化，因此，预期到的货币政策也会影响经济周期（郭豫媚和陈彦斌，2017）。基于此，各国中央银行越来越重视通过中央银行沟通、前瞻性指引等来引导公众预期，从而稳定产出和物价水平。Woodford（2001）首次提出"预期管理"，他指出预期管理对提高货币政策有效性起到重要作用。Morris 和 Shin（2007）将预期管理看作货币政策观念的一场革命，他们认为当中央银行宣布利率的变动消息时，如果可以被每个人观测到，那么中央银行就可以利用这一低成本的工具影响经济，而且中央银行对经济的影响会更可预测、更为平稳和更为有效。2008 年全球金融危机后，由于零利率下限使中央银行传统的货币政策工具不再能发挥作用，各国中央银行纷纷采用非常规货币政策如量化宽松和预期管理以实现货币政策的目标。目前，大多数的文献研究了货币政策预期管理对维持经济稳定和价格稳定等传统货币政策目标的影响，却很少有文献关注货币政策预期管理对新型货币政策目标（如金融稳定）的影响。

2008 年全球金融危机爆发之后，虽然各国中央银行被赋予稳定金融的责任，然而大多数文献主要研究传统货币政策对金融变量的影响。如上文提到的 Sami 等（2017）、Paolo 等（2015）、Jordà 等（2015）及 Iacoviello 和 Minetti（2008）研究了短期利率对宏观杠杆率和房地产价格的影响。这方面的文献大多通过在 DSGE 模型的货币政策规则中引入货币政策的外生冲击，或者通过 VAR 模型来研究货币政策对金融以及其他宏观经济变量的影响。

较少文献关注通过预期管理稳定金融的问题，只有几篇研究了中央银行沟通对金融稳定的作用。如根据《巴塞尔协议Ⅲ》，中央银行透明度对金融稳定至关重要。Ehrmann 等（2011）通过实证的方法证明了中央银行发布的金融稳定报告对股票市场有着重要的潜在影响，能够减小市场波动；而演讲和采访对金融市场回报率和减轻市场波动方面的影响较小，但其在金融危机发生时起到了实质性的作用。Mendona 等（2018）研究了与信贷市场相关的中央银行沟通会影响银行关于信贷风险和资本缓冲的预期，从而减少银行之间的信息不对称，有助于整个金融系统的稳定。

2.3.3 宏观审慎政策与金融周期

除了采用货币政策稳定金融周期外，也有很多学者研究了宏观审慎政策对金融周期的稳定作用。据方意（2016）的研究，宏观审慎政策工具可以分为资本类、流动性类和信贷类工具。资本类工具和流动性类工具主要针对银行等金融机构。资本类工具包括逆周期资本缓冲（Counter-cyclical Capital Buffers）、动态拨备（Dynamic Provisioning）、杠杆率要求等。流动性类工具主要包括流动性覆盖率、净稳定资金比率、准备金要求、存贷比要求等。信贷类工具主要针对企业和家庭等借款人，包括贷款价值比率上限（Loan-to-value Cap，LTV）、债务收入比率上限（Debt-to-income Cap，DTI）、贷款收入比等。

由于中国提出明确使用宏观审慎政策稳定金融周期的时间较晚，因此关于宏观审慎政策与金融周期研究的文献主要来源于国外。如 IMF（2012）分别分析了资本类、流动性类和信贷类工具对金融周期的影响机制，指出逆周期资本缓冲、动态拨备率等资本类工具会降低银行股东股息和红利，并可能迫使银行增加股权资本，从而增加银行的资金成本。银行为了应对其成本的上升或维持利润，增加贷款利息，进而使非银行企业部门的贷款需求降低。银行资本要求增加的另一种结果是减少持有资产，从而导致信贷供给的减少。信贷需求和供给的减少都使金融周期受到抑制。流动性政策工具是指银行通过调整资产和负债的组合满足流动性需求，比如利用长期资金代替短期资金或有担保资金代替无担保资金，这会增加银行获取资金的成本。而流动性资产代替非流动性资产或缩短贷款期限会减少银行的利润。这些情况都可能导致银行增加贷款利息，从而使信贷需求减少。而贷款价值比与债务收入比上限等信贷类工具则限制了借款人的信贷量。贷款价值比与债务收入比的上调会使房地产价格的上升速度得到缓解，降低信贷需求。

2008 年全球金融危机爆发后，宏观审慎政策被广泛使用，但受限于样本时间长度，针对工具有效性的实证研究较为有限。

一种是基于传统的计量经济学，如 Lim（2011）利用面板数据的回归方法分析了 49 个国家宏观审慎政策与信贷和杠杆率之间的联系，证据表明存在贷款价值比（LTV）、债务收入比（DTI）限制、信贷增长上限、准备金要求（RR）和动态拨备率等宏观审慎政策工具有助于降低信贷和杠杆率的顺周期性。IMF（2013）利用跨国数据研究了宏观审慎政策对金融脆弱性（信贷增长、房地产价格和资本流入）和实体经济的影响，发现时变的资本需求和存款准备金与信贷增长负相关，贷款价值比限制和资本充足率要求与房地产价格增长负相关，而储备金需求与新兴市场的资本流入负相关；贷款价值比与产出增长负相关，其他政策工具对实体经济没有影响。Ahuja 和 Nabar（2011）发现，贷款价值比限制能够有效控制房地产价格上涨的速度，贷款价值比和债务收入比限制能够减缓房地产信贷的增长。Wong 等（2011）基于中国香港的经验和对 13 个经济体的面板数据进行的计量经济学分析，评估了最大贷款价值比作为宏观审慎工具的有效性和弊端，发现该工具可有效降低房地产市场的兴衰周期带来的系统性风险。他们的研究结果还表明，LTV 政策对家庭杠杆的抑制作用比其对房地产市场活动的影响更为明显，该政策效应可能主要体现在对家庭部门杠杆的影响上。IMF（2015）利用 2000~2013 年 119 个国家使用 12 种宏观审慎政策工具的数据，研究了这些工具与信贷和住房市场之间的关系，以上研究表明，新兴国家宏观审慎政策与信贷增长率的下降相关，而在发达国家中这种联系较弱，而且这种政策具有非对称性，金融周期繁荣时比萧条期的效果更明显。

另一种是基于含金融摩擦的动态随机一般均衡模型（DSGE），如 Almeida 等（2006）通过在 DSGE 模型中引入住房融资合同，验证了金融约束放大资产价格和信贷需求波动的机制，研究表明，能够以较大的贷款价值比进行融资的中介机构会产生更大的顺周期性。他们还通过实证研究发现较高贷款价值比的国家，新增住房按揭贷款和房地产价格对收入冲击更加敏感。

2.4 简要评述

通过对金融周期相关文献梳理，发现当前对中国金融周期方面的研究还较为缺乏，大多数学者仅停留在对金融周期的测度上，而对于中国金融周期的机制以及如何运用宏观经济政策稳定金融周期的研究较少。具体来说，主要存在以下方面的不足：

第一，在金融周期的测度方面，很多学者采用 HP 滤波和带通滤波的方法进行测度。而 HP 滤波方法得出的周期含有很多高频成分，难以识别出明显的周期性特征。带通滤波的方法则需要预先设定得出的周期范围，相当于在没有估计出周期时就已经大致确定了周期的长度，而且多数学者直接借鉴国外的金融周期结论设置中国的周期长度，这样得到的结论是否客观值得进一步商榷。因此，本书在比较各种方法优劣的基础上，选择奇异谱分析来测度中国的金融周期，该方法能够避免以上不足。

第二，关于中国金融周期形成机制方面的研究相对较少，大多数停留在通过实际数据分析金融周期和经济周期的关系上，较少学者从理论上通过构建宏观计量模型去分析金融周期的机制。本书结合中国的经济现实，构建了一个包含企业抵押约束和银行资本约束的 DSGE 模型，模拟了中国金融周期的机制。

第三，在关于金融周期的政策效应方面也存在诸多不足。关于货币政策与金融周期方面的研究，大多数学者只研究单一货币政策（如货币市场利率）对金融周期的影响，然而中国货币政策工具复杂多样，既有数量型工具也有价格型工具，如果单单考虑市场利率对金融周期的作用，是不全面或不足的。因此，本书利用 SVAR 模型比较分析了数量型货币政策与价格型货币政策对金融周期的影响。另外，较少文献研究预期管理的货币政策对金融周期的稳定作用，本书通过引入消息冲击的方式将预期管理的货币政策引入 DSGE 模型，比较分析了传统货币政策和预期管理的货币政策对金融周期的影响。在宏观审慎政策与金融周期的研究方面，多数文献未考虑宏观审慎政策对金融周期的时变影响，本书利用滚动回归 VAR 模型研究了拨备覆盖率、流动性比例以及超额准备金对金融周期的时变影响。

第 3 章　金融周期的测度

经济活动呈现周期性波动的特征，没有永久的繁荣也没有永久的衰退。按照不同的研究视角，经济周期可分为基钦周期、朱格拉周期、库兹涅茨周期、康德拉季耶夫周期和熊彼特提出的创新长周期。不同的周期长度代表影响经济周期的主要因素不同。跟经济周期相比，金融周期是一个较新的概念，对中国金融周期的研究还相对较少。借鉴经济周期的研究思路，本章尝试分别从短期和中期两个方面测度中国的金融周期。下面在比较各种测度方法的基础上，分别采用 HP 滤波和奇异谱方法对中国的金融周期进行测度。

3.1　测度方法的选择

测度金融周期的方法不同，得出的结论也会有所差异。HP 滤波方法由 Hodrick 和 Prescott 在 1980 年首次提出，通过 HP 滤波可以把时间序列分解为趋势成分和周期成分。但是，用 HP 滤波提取的周期含有很多高频成分，难以捕捉到有规律的周期。带通滤波由 Baxter 和 King 在 1999 年提出，通过预先设置参数，剔除其他的高频成分和低频成分，可以得到目标周期，与 HP 滤波相比更具有优越性。但是，用带通滤波两端会有缺失项，如范小云等（2017）将中国的金融周期定位于中周期，得出的结论值得商榷，而且实际数据也并不满足带通滤波所要求的短周期和中周期之间正交的要求。转折点算法规则是设置一个特定宽度的窗口，找出局部最大值和最小值，并确保周期（两个连续波峰或波谷之间的距离）长度最小，但是该方法不同的参数设置会产生不同的波峰和波谷日期集合（伊楠和张斌，2016）。

由此可见，无论是 HP 滤波、带通滤波还是转折点法，都有其缺点，为此本书主要采用奇异谱方法对中国的金融周期进行测度。相比之下，奇异谱方法具备以下优点：其一，不需要预先设定滤波周期，而是根据数据自身确定；其二，对原始序列的统计分布与平稳性不作要求；其三，不仅能明确序列的平均周期，而且能描述所求出的周期波幅随时间变化的趋势（徐海云等，2010），金融周期恰好具备这种特征，随着金融自由化，金融周期的长度和波幅大幅增加（Borio，2014）；其四，较适用于短而噪声多的时间序列（Rodrigo，2015），与发达国家相比，中国的数据时间期限较短，房地产市场从 1998 年才开始市场化，可获得的数据区间较短；其五，不仅能把时间序列数据分解为趋势、周期和噪声，而且能算出各周期分量对原序列方差的贡献度；其六，分解出的各周期分量之间满足正交的要求。

3.2　变量选取与数据处理

3.2.1　金融周期与经济周期指标的度量与选取

首先，根据 Borio（2014）对金融周期特征的描述，信贷和地产价格是刻画金融周期的基准变量，也是复制融资约束（信贷）和价值风险识别（地产价格）之间互相加强的交互作用的最小变量集。评判金融周期，最核心的两个指标是广义信贷和房地产价格，前者代表融资条件，后者反映投资者对风险的认知和态度[①]。信贷是"二战"后金融危机最稳健的预警指标，信贷包含预测将来金融

---

① 中国人民银行 2017 年 11 月 17 日发布的《2017 年第三季度中国货币政策执行报告》的专栏 4 文章《健全货币政策和宏观审慎政策双支柱调控框架》。

危机最有价值的信息（Schularick and Taylor，2012）。信贷是分析金融周期的一个自然变量，因为它是联系储蓄和投资之间的最重要的纽带（Terrones et al.，2011）。

其次，最有希望的金融领先指标是私人部门信贷与 GDP 的比率以及房地产价格相对常态的同时正偏离或出现缺口（Borio，2014）。信贷与 GDP 比率的周期，即杠杆周期，是金融危机的预警（Schularick and Taylor，2012）。

另外，本书之所以没有将股票市场的相关指数纳入金融周期的指标范围，是因为中国股票市场指数的走势与房地产价格、信贷等变量等不甚一致，而且根据范小云等（2017）的测算，股票价格与其他三个变量的一致性指数较小，他们测度金融周期所选取的指标与本书一致。

基于以上分析，本书选取非金融私人部门信贷、非金融私人部门信贷与 GDP 的比率、房地产价格三个变量测度金融周期。其中，非金融私人部门信贷指标包括家庭、给家庭提供服务的部门及公司信贷，房地产价格指标采用全国范围内各类商品房销售价格。以下论述中把非金融私人部门信贷简称为信贷，把非金融私人部门信贷与 GDP 的比率简称为宏观杠杆率或杠杆率。

一般来说，GDP 最能全面反映一国经济活动的整体变化，因此，本书以我国 GDP 作为测度经济周期的代表性变量。

3.2.2 数据处理

由于我国房地产市场从 20 世纪 90 年代才开始逐步市场化，基于数据的可获得性，本书将 2001 年第一季度到 2020 年第二季度设定为测度金融周期和经济周期的时间区间，以这个时间段的名义数据作为分析的依据。为去除价格变化的影响，以 2001 年第一季度的价格为基期，将除杠杆率外的其他变量经 CPI 指数平减得到变量的实际值，再通过 X-12 季节性调整剔除季节性因素。房地产价格数据来源于 CEIC 数据库，信贷和杠杆率的数据来源于 BIS 网站，GDP 数据来源于国家统计局网站。

研究经济变量的周期性，一种是研究经济变量绝对水平的上下波动，另一种是研究经济变量增长率的上下波动。由于我国的数据一直在增长，增长率数据波动也较大，根据大多数文献的做法，本书研究变量的增长率波动情况。因此，在上述数据处理的基础上，再分别计算信贷、房地产价格、宏观杠杆率以及 GDP 的增长率作为以下测度金融周期和经济周期的基础数据。

3.3　基于 HP 滤波方法的金融周期测度

之所以给出 HP 滤波方法的测度结果，一是为了与奇异谱方法的测度结果做对比，二是为接下来几章的研究做准备。虽然奇异谱方法在识别周期特征方面有诸多优点，但是由于其将数据的高频成分去掉，难以用在 VAR 模型中。因此，后面章节中所采用的数据是基于 HP 滤波得出的测度结果。

3.3.1　HP 滤波方法介绍

在分析周期性问题时，HP 滤波是常用的方法之一。该方法在 Hodrick 和 Pre-scott（1980）分析第二次世界大战后美国经济周期的论文中首次使用。

设 $\{Y_t\}$ 是包含趋势成分和波动成分的经济时间序列，$\{Y_t^T\}$ 是其中含有的趋势成分，$\{Y_t^C\}$ 是其中含有的波动成分。则：

$$Y_t = Y_t^T + Y_t^C,\ t=1,\ 2,\ \cdots,\ T \tag{3.1}$$

计算 HP 滤波就是从 $\{Y_t\}$ 中将 $\{Y_t^T\}$ 分离出来。一般地，时间序列 $\{Y_t\}$ 中不可观测部分趋势 $\{Y_t^T\}$ 常被定义为下面最小化问题的解：

$$\min \sum_{t=1}^{T} \{(Y_t - Y_t^T)^2 + \lambda [C(L)Y_t^T]^2\} \tag{3.2}$$

式中：$C(L)$ 是延迟算子多项式。

$$C(L) = (L^{-1}-1) - (1-L) \tag{3.3}$$

将式（3.3）代入，则 HP 滤波的问题就是使下面损失函数最小，即：

$$\min\Big\{ \sum_{t=1}^{T} (Y_t - Y_t^T)^2 + \lambda \sum_{t=2}^{T-1} [(Y_{t+1}^T - Y_t^T) - (Y_t^T - Y_{t-1}^T)]^2 \Big\} \tag{3.4}$$

其中，大括号中多项式的第一部分是对波动程度的度量，第二部分是对趋势项平滑程度的度量，λ 是平滑参数，用以调节两者的权重。这里存在一个权衡问题，要在趋势要素对实际序列的跟踪程度和趋势平滑程度之间做一个选择。当 $\lambda=0$ 时，满足最小化问题的趋势序列为 $\{Y_t\}$ 序列；随着 λ 值的增加，估计的趋势越来越光滑；当 λ 趋于无穷大时，估计的趋势将接近线性函数。

HP 滤波依赖于参数 λ，该参数需要先验的给定。一般经验，对于年度数据，λ 取值 100；对于季度数据，λ 取值 1600；对于月度数据，λ 取值 14400。Hedrick 和 Prescott（1980）的研究使用的是季度数据，平滑参数 λ 取值 1600，此后大量研究沿用这个取值。

3.3.2 金融周期和经济周期的结果分析

利用 Eviews 10.0 软件分别对金融周期变量和经济周期变量进行 HP 滤波操作，将每个变量分离为趋势成分和波动成分，并将各变量的波动成分作为短周期。

（1）金融周期单变量的短周期分析。图 3.1 给出了信贷、房地产价格和宏观杠杆率经 HP 滤波去趋势后的波动成分，分别代表信贷、房地产价格和宏观杠杆率的短周期。从图 3.1 中可以看出，三者的波动方向基本一致，而且金融危机期间的波动幅度明显大于其他时期，但是由于经 HP 滤波得出的周期含有很多高频成分，难以看出明显的波峰、波谷等周期性特征。

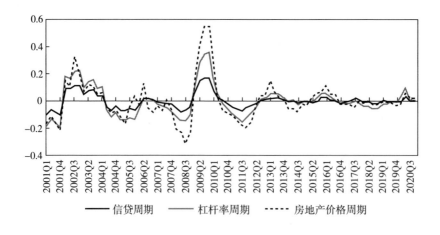

图 3.1　金融周期单变量的短周期

（2）金融周期和经济周期的综合指标。对于将单变量指标合成金融周期的综合指标，现有文献主要采取两种方法，一种是将三者相加除以 3，另一种是主成分分析法（范小云等，2017）。笔者尝试了两种方法测算，发现得出的结果类似，因此本书选择了第一种方法。将信贷周期、房地产价格周期和杠杆率周期三者加总然后除以 3 就得到了金融周期的综合指标，如图 3.2 所示。由于经济周期只包含一个变量 GDP，因此只需将其去趋势并取其波动成分即为经济周期的短周期。从图 3.2 中可以看出，金融周期的波动幅度明显大于经济周期，尤其是在金融危机期间。但是二者之间关系究竟如何，是同向波动还是逆向波动，则难以观测。下面我们将采用奇异谱方法测度金融周期。

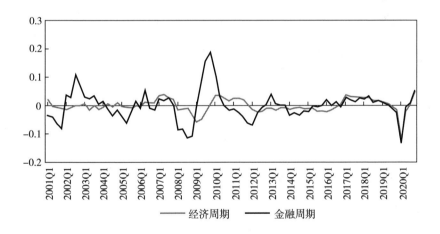

图 3.2　金融周期和经济周期的综合指标

3.4　基于奇异谱方法的金融周期测度

我国属于新兴市场国家，金融市场尚未完全开放，金融周期的规律与发达国家不尽相同，所以用带通滤波和转折点法度量我国的金融周期有失客观性，本书认为奇异谱方法能够较为客观地测度我国的金融周期，下面首先介绍具体算法，其次对测度结果进行分析，并与基于 HP 滤波方法的测度结果进行对比。

3.4.1　奇异谱理论及算法介绍

奇异谱算法的主要思想是，根据观测到的时间序列数据构造出轨迹矩阵，然后对轨迹矩阵进行分解、重构，从而提取出代表原序列不同成分的信号，包括长期趋势、周期和噪声，最后对时间序列的结构进行分析。奇异谱分析可分为单通道奇异谱和多通道奇异谱，前者分析的对象为一维时间序列，后者分析的对象为多维时间序列。本书主要利用单通道奇异谱方法对我国的金融周期和经济周期进行分析。关于奇异谱详细的算法介绍，英文可以参照 Vautard 和 Ghil（1992）的研究，中文可参照徐海云等（2010）的研究，以下只介绍主要步骤。

（1）奇异谱算法介绍。给定一时间序列数据 $\{x_i\}_{i=1}^{N}$，将其中心化，将序列在时间上滞后 L 排列成如下轨迹矩阵 X，L 称为嵌入维数。

X 的表达式如下：

$$X = \begin{bmatrix} x_1 & x_2 & \cdots & x_{N-L+1} \\ x_2 & x_3 & \cdots & x_{N-L+2} \\ \vdots & \vdots & \vdots & \vdots \\ x_L & x_{L+1} & \cdots & x_L \end{bmatrix} \tag{3.5}$$

并记 $X_{i,j}$ 为：

$$X_{i,j} = \begin{bmatrix} x_{1,0} & x_{1,1} & \cdots & x_{1,N-L} \\ x_{2,0} & x_{2,1} & \cdots & x_{2,N-L} \\ \vdots & \vdots & \vdots & \vdots \\ x_{M,0} & x_{L,1} & \cdots & x_{L,N-L} \end{bmatrix} \tag{3.6}$$

然后求 X 的滞后协方差矩阵 $T_X = X^T X$，T_X 称为 Toeplitz 矩阵，为实对称矩阵，其元素为：

$$C(j) = \frac{1}{N-j} \sum_{i=1}^{N-j} x_i x_{i+j}, \ j = 0, \ 1, \ 2, \ \cdots, \ L-1 \tag{3.7}$$

求出 T_X 的特征向量和特征值，按特征值从大到小排列，E^k 为第 k 个时间特征向量 EOF（$T\text{-}EOF$），该向量元素记为 E_j^k，$j = 1, \ 2, \ \cdots, \ L$。设第 k 个时间主成分（T-PC）为 a^k，是 X 列状态向量 X_i 在 E^k 上的投影，即 $a^k = X^T E^k$，其元素为：

$$a_i^k = \sum_{j=1}^{L} x_{i+j} E_j^k,\ 0 \leqslant i \leqslant N - L,\ 1 \leqslant k \leqslant L \tag{3.8}$$

由上述得出时间特征向量 T-EOF 和主成分 T-PC 之后，可以由 T-EOF 和 T-PC 重构原始序列，重构成分简称为 RC，与特征向量 T-EOF 对应的特征值 λ_k 的大小代表在重构原始序列时对其方差贡献的强度。设重构原始序列 $\{x_i\}_{i=1}^{N}$ 的成分 x_i^k，由第 k 个特征向量 T-EOF 和主成分 T-PC 重构，公式如下：

$$x_i^k = \frac{1}{L} \sum_{j=1}^{L} a_{i-j}^k E_j^k,\ L \leqslant i \leqslant N - L + 1$$

$$x_i^k = \frac{1}{i} \sum_{j=1}^{i} a_{i-j}^k E_j^k,\ 1 \leqslant i \leqslant L - 1 \tag{3.9}$$

$$x_i^k = \frac{1}{N - i + 1} \sum_{j=i-N+L}^{L} a_{i-j}^k E_j^k,\ N - L + 2 \leqslant i \leqslant N$$

原序列 $\{x_i\}_{i=1}^{N}$ 等于所有的 RC 成分之和，即 $x_i = \sum_{k=1}^{M} x_i^k$，$i = 1,\ 2,\ \cdots,\ N$。

（2）周期和趋势的识别。得出 RC 成分之后，需要对主要的 RC 成分进行趋势和周期的识别，提炼出原序列的趋势成分和周期成分。检验某个 RC 成分是否属于趋势成分一般采用 Kendall 非参数检验。按照奇异谱方法原理，若样本中存在一个周期成分，将得到一对 RC，它们对应的特征值相等，T-EOF、T-PC 正交，实际应用时，这些条件不可能全部满足，需根据 Vautard 和 Ghil（1992）提出的 3 个判据来确定一对 RC 是否为原序列的一个周期成分。关于 Kendall 非参数检验和周期识别规则的具体说明，请参照文献 Vautard 和 Ghil（1992），由于篇幅原因，这里不再详述。

（3）滞后项 L 的选择。在运用奇异谱方法时，一个关键的问题是对 L 的选择，L 选择的大小是决定奇异谱分解的关键，L 越大，就会分解出越长的周期，但是过大的 L 会导致自协方差出现统计错误（Sella et al.，2013）。一般来说，L 的选取不宜超过整个数据长度的 1/3，Vautard 和 Ghil（1992）提出奇异谱方法在分析介于（$L/5$，L）区间内的周期成分比较成功，本书选择数据长度的 1/3 为滞后项 L。

基于以上算法，本章的研究思路如下：用奇异谱方法得到各变量的重构成分 RC；依据 λ 值算出各 RC 成分对原序列方差的贡献度；按照 Vautard 和 Ghil（1992）提出的三个判据判断趋势和周期，并将其趋势作为金融周期的中周期，将其去趋势后占比最大的成对 RC 作为金融周期短周期。需要说明的是：之所以将其趋势作为中周期是因为我国的数据波动较大，即便是增长率数据也不平稳，如果只分析去趋势后剩余的波动成分，难以捕捉变量的中期变化特征，忽略了主要矛盾。例如，李拉亚（2016）用 M2 增速、金融业增加值的增速和房价增速三者的趋势平均值度量我国的金融周期。

3.4.2　金融周期和经济周期的结果分析

依据奇异谱算法步骤，用 Matlab2015b 软件分别对信贷、杠杆率、房地产价格和 GDP 进行运算，得到各变量重构后的 RC 成分。然后根据 Kendall 非参数检验及 Vautard 和 Ghil（1992）提出的三个判据，识别出各变量的趋势和周期。

表3.1 描述了用奇异谱方法将信贷、杠杆率、房地产价格和 GDP 分解为趋势和周期的情况。表中第 2 列为重构后的趋势成分，代表文中定义的中周期。根据 λ 值，可以算出各变量的中周期对原序列方差的贡献度，除杠杆率外，其他变量对原序列方差的贡献度都接近50%或超过50%。由此，各变量原序列随时间的变化主要受趋势变化即中周期的影响。表中第 4 列为重构后的周期成分，代表文中定义的短周期，该列的成对 RC 成分满足 Vautard 和 Ghil（1992）提出的三个判据，根据 λ 值可以算出该短周期对原序列去趋势后剩余方差的贡献度，即第 5 列数据，表中只列出贡献度最大的短周期。

表3.1　奇异谱分析的结果

指标	趋势 （中周期）	中周期对原序列 方差的贡献度（%）	周期 （短周期）	短周期对剩余方差（原序列 去趋势后）的贡献度（%）
Credit	$RC1$	86.3	$RC2$、$RC3$	51.5
Creidt/GDP	$RC1$	28.9	$RC2$、$RC3$	51.1
House	$RC1$	46.8	$RC2$、$RC3$	42.1
GDP	$RC1$	95.5	$RC3$、$RC4$	28.7

基于以上数据分析结果，下面分别从短周期和中周期两个维度分析中国的金融周期。

　　（1）金融周期的短周期分析。图 3.3 给出了基于奇异谱分析得到的信贷周期、杠杆率周期和房地产价格周期的短周期结果。其中信贷周期由变量信贷的重构成分 RC2 和 RC3 构成；房地产价格周期由变量房地产价格的重构成分 RC2 和 RC3 构成；杠杆率周期由变量杠杆率的重构成分 RC2 和 RC3 构成。

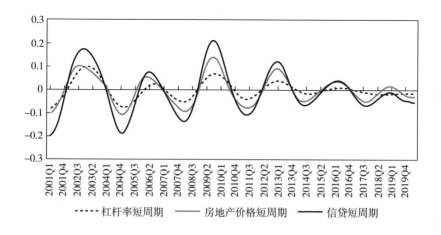

图 3.3　金融周期单变量的短周期

　　从周期长度来看，信贷、房地产价格和杠杆率的短周期基本一致，为 3～4 年。从波峰和波谷的时间点来看，三者的波峰、波谷基本保持一致，说明中国的信贷、房地产价格和杠杆率存在同时收缩和扩张的特征。从波动幅度的变化来看，三者在金融危机期间的波动幅度明显大于其他时期，这与上述经 HP 滤波得到的结果类似。2008 年全球金融危机之后，三者的波动幅度均逐渐减小，这可能与我国宏观层面去杠杆、防范系统性金融风险的政策取向相关。

　　为分析金融周期和经济周期短周期的关联性，借鉴范小云等（2017）和 Drehmann 等（2012）的做法，笔者将信贷周期、杠杆率周期及房地产价格周期三者数据相加再除以 3，得到金融周期的综合指标，如图 3.4 所示。经济周期指标由 GDP 的重构成分 RC3 和 RC4 构成。从周期长度来看，经济周期大于金融周期，这与西方等发达国家的研究结论不同。从波动幅度来看，金融周期的波幅明显大于经济周期，而且在 2008 年全球金融危机之后，经济周期的波动幅度明显变大，尤其是经济周期的波幅在 2007~2011 年以及 2017~2020 年这两个时间区间的波幅大于其他区间。这表明，说明随着金融逐步市场化，经济周期受金融周期的影响变大，这与潘长春（2017）的研究结论类似，其运用区制转移模型得出我国经济运行进入新常态后，金融周期和经济周期之间的依存机制较以往发生了根本性改变。

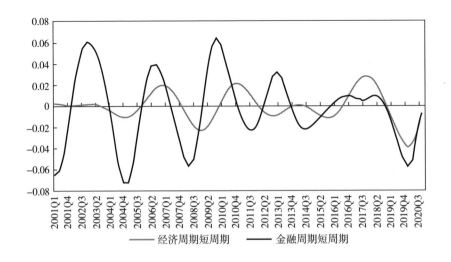

图 3.4　金融周期和经济周期短周期的综合指标

（2）金融周期的中周期分析。由于经 HP 滤波和奇异谱分析得到的金融周期和经济周期的中周期结果相近，所以本章只给出经奇异谱分析得到的中周期结果。

首先，分析金融周期单变量中周期的相关性。图 3.5 给出了基于奇异谱分析得到的金融周期单变量的中周期结果。其中，信贷周期由变量信贷的重构成分 $RC1$ 构成；杠杆率周期由变量杠杆率的重构成分 $RC1$ 构成；房地产价格周期由变量房地产价格的重构成分 $RC1$ 构成。从周期长度来看，2001~2020 年为一个完整的周期，其中，2001~2008 年为上行期，2009~2020 年为下行期。这表明从中周期来看，信贷、房地产价格和杠杆率三者同时上升，同时下降，而且从对称性来说，表现为慢升快降的特征。

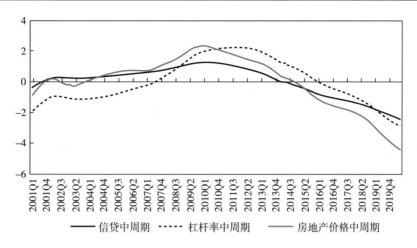

图 3.5　金融周期单变量的中周期

其次，分析金融周期和经济周期中周期的相关性。与金融周期短周期的综合指标处理一致，将信贷、房地产价格和杠杆率三者的中周期加起来除以 3 就得到金融周期中周期的综合指标。经济周期的中周期指标由变量 GDP 的重构成分 $RC1$ 和 $RC2$ 构成，结果如图 3.6 所示。从中周期来看，金融周期与经济周期的走向、周期长度以及波动幅度都基本一致，这与西方的研究结论也不甚一致。根据 Drehmann 等（2012）等学者的研究，西方发达国家金融周期的长度和波动幅度要远远大于经济周期。图 3.6 中还显示，2019~2020 年，金融周期急速下滑又急速上升，这与我国采取一系列扩张性货币政策相关。

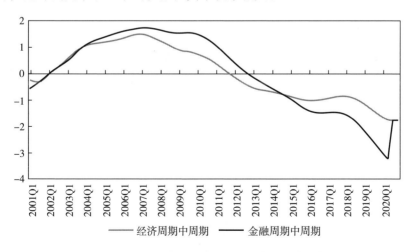

图 3.6　金融周期和经济周期中周期的综合指标

3.5　本章小结

　　本章选取非金融私人部门信贷、杠杆率及房地产价格三个变量，分别运用 HP 滤波和奇异谱方法对我国的金融周期进行了测度，结果显示，HP 滤波测度出的金融周期短期的周期性特征不明显，而利用奇异谱方法测度出的金融周期具有明显的周期性特征。

　　利用奇异谱方法分别从短周期和中周期两个维度测度了我国的金融周期。具体来说，将变量分解出的趋势作为金融周期的中周期，将去趋势的主周期作为金融周期的短周期。金融周期单变量短周期的测度结果显示，信贷、房地产价格和杠杆率的波长、波峰和波谷基本一致，但在 2008 年全球金融危机期间的波动幅度大于其他时期。金融周期和经济周期短周期的综合指标结果显示，经济周期的长度大于金融周期，但金融周期的波动幅度明显大于经济周期，而且经济周期的波动幅度在 2008 年全球金融危机后明显变大，尤其是在 2007～2011 年以及 2017～2020 年这两个时间区间。金融周期和经济周期中周期的综合指标结果显示，二者的走向、周期长度以及波动幅度均基本一致。

　　综上，金融周期和经济周期均同时存在短周期与中周期。但由于本书主要关注的是金融周期与经济周期短期波动之间的关系，所以在本章之后的研究中，主要是基于金融周期与经济周期短周期之间的关系展开研究。

第4章 金融周期的机制

——基于 DSGE 模型

上一章分别运用 HP 滤波和奇异谱方法测度了金融周期，得出中国的金融周期同时存在短周期和中周期，然而这只是金融周期的外在特征，只了解金融周期的外在特征是远远不够的，还需要进一步探讨金融周期的机制。本章主要关注金融周期机制的第二个层面，即金融因素究竟是通过何种机制放大经济周期波动的。

4.1 模型的理论与实践来源

欧文·费雪的债务—通货紧缩理论、明斯基的金融不稳定假说、Borio 的金融周期理论以及伯南克的金融加速器理论都从不同的角度解释了金融因素影响经济周期波动的理论机制。目前关于金融周期机制的研究主要还是在金融加速器理论的框架下，通过构建 DSGE 模型从微观上探讨金融因素如何放大经济周期波动的机制。关于这方面的文献主要包括两类模型：一类是借款人资产负债表模型，强调借款人的资产净值对其信用状况的影响。这类模型又包括两种，一是以 Bernanke 等（1989）为代表的金融加速器模型；二是以 Kiyotaki 和 Moore（1997）为代表的信贷周期模型。两种模型的基本思想已在第 2 章详细介绍。另一类是银行资产负债表模型，该类模型的基本思想是货币政策、监管政策或银行资本损失的变化会对金融机构的资产负债表形成负面冲击，导致信贷供给大幅缩减，进而放大实体经济的波动。

近20年来，中国房地产市场快速发展，具体体现为价格增速迅猛、投资急剧扩大、金融依赖较强。据统计，截至2018年，中国城镇住房存量市值约为252万亿元，是当年GDP的2.74倍。房地产作为信贷市场的抵押品，其价格的变化会通过企业资产负债表传导至实体经济，从而放大经济周期的波动。另外，中国的金融结构以间接融资为主，银行贷款占整个社会融资的70%以上，而银行资本的变化是影响银行贷款的重要原因。如Stein（1998）指出，银行资本影响贷款的原因与前文的金融加速器模型类似，对于任何银行而言，非存款资金的成本和可获得性取决于其资产净值，即银行资本，充足的银行资本能够以较低的成本获得非存款性资金，因而低的外部融资溢价将增加对企业或家庭的贷款；反之，如果金融冲击导致银行资本减少，银行获取资金的外部融资溢价增加，将导致银行和借款人融资成本的提高，这会导致对企业或家庭的贷款减少，总需求下降。

考虑到上述两方面的特征事实，本章在DSGE模型的框架下，通过引入企业抵押约束和银行资本约束，并将房地产价格纳入模型，构建一个能够揭示中国金融因素影响经济周期波动机制的DSGE模型。在模型设定上同Iacoviello（2015）具有相似之处，但模型所刻画的机制却存在本质差异。Iacoviello（2015）主要刻画由于家庭借款违约使金融中介资本减少、进而放大经济周期波动的机制，这种设定对于刻画美国次贷危机引发的经济周期波动是恰当的。然而，中国的房地产市场并没有面临大量的违约状况，所以在模型中关闭了上述机制，主要关注企业抵押约束和银行资本约束这两种金融因素对经济周期波动的影响。具体来说，在模型中引入了企业抵押约束冲击和银行资本约束冲击，分析上述冲击对房地产价格、信贷、产出及消费等宏观经济变量的影响。当企业抵押约束条件变得更宽松时，企业可以借入资金的比例增加，这导致企业贷款增加。另外，当外在冲击使房地产价格上升时，其作为抵押品的价值上升，因此可以借入更多的资金，企业贷款也相应增加。再者，当资本约束放松时，商业银行会扩张资产负债表，贷款供给增加，因而企业信贷相应增加。这三方面导致的信贷增加均会传导至实体经济，放大经济周期的波动。

4.2 模型构建

将经济系统分为家庭、企业和商业银行三个部门，家庭通过向企业提供劳动赚取工资，并通过跨期配置房地产赚取差价收益，同时向商业银行提供存款赚取利息；企业则利用家庭提供的劳动和房地产生产中间产品，这里的房地产具有三种属性：作为生产商品的生产要素、作为抵押品向商业银行借款以及作为投资品赚取跨期差价。商业银行则通过吸收存款和发放贷款来赚取利润。模型具体设定如下：

（1）家庭。代表性家庭通过选择消费 $C_{H,t}$、住房 $H_{H,t}$ 和劳动 $N_{H,t}$ 达到效用最大化。家庭的效用主要来源于消费、持有房地产和闲暇：

$$\max E_0 \sum_{t=0}^{\infty} \beta_H^t (\log C_{H,\,t} + j_t \log H_{H,\,t} - \tau \frac{N_{H,\,t}^{1+\varphi}}{1+\varphi}) \tag{4.1}$$

其中，β_H 为家庭的主观贴现率，$\beta_H \varepsilon (0,1)$；$\tau$ 为劳动供给偏好参数；j_t 为住房需求偏好，其满足 AR(1) 过程：

$$\log\left(\frac{j_t}{\bar{j}}\right) = \rho_j \log\left(\frac{j_{t-1}}{\bar{j}}\right) + \varepsilon_{j,t} \tag{4.2}$$

其中，$\bar{j}$ 为 j_t 的稳态值；ρ_j 为冲击惯性参数；$\varepsilon_{j,t}$ 服从均值为 0、标准差为 σ_j 的正态分布。

家庭面临的预算约束：

$$C_{H,t} + D_t + q_t(H_{H,t} - H_{H,t-1}) = R_{H,t-1} D_{t-1} + W_{H,t} N_{H,t} \tag{4.3}$$

其中，D_t 为家庭储蓄，$R_{H,t-1}$ 为储蓄获得的实际回报率，q_t 为房地产的价格，$W_{H,t}$ 为实际工资率，房地产没有折旧。

分别对 $C_{H,t}$、D_t、$H_{H,t}$ 和 $N_{H,t}$ 求一阶条件可得：

$$\lambda_{H,t} = \frac{1}{C_{H,t}} \tag{4.4}$$

$$\frac{1}{C_{H,t}} = \beta_H E_t \left(\frac{R_{H,t}}{C_{H,t+1}}\right) \tag{4.5}$$

$$\frac{q_t}{C_{H,t}} = \frac{j_t}{H_{H,t}} + \beta_H E_t \left(\frac{q_{t+1}}{C_{H,t+1}} \right) \tag{4.6}$$

$$\frac{W_{H,t}}{C_{H,t}} = \tau N_{H,t}^{\varphi} \tag{4.7}$$

其中，$\lambda_{H,t}$ 为家庭预算约束的拉格朗日乘子。

（2）企业。企业的目标函数是消费最大化：

$$\max E_0 \sum_{t=0}^{\infty} \beta_E^t \log C_{E,t} \tag{4.8}$$

其中，$C_{E,t}$ 为企业的消费，E_0 为基于 $t=0$ 期的数学期望算子，β_E 为企业家的贴现率，此处假设企业的折现率小于家庭和银行。

企业通过投入技术 A_t、雇用来自家庭的劳动 $N_{H,t}$ 以及房地产 $H_{E,t}$ 生产产品，假设规模报酬不变，生产函数为：

$$Y_t = A_t H_{E,t-1}^v N_{H,t}^{1-v} \tag{4.9}$$

其中，A_t 满足 AR（1）过程：

$$\log \left(\frac{A_t}{\overline{A}} \right) = \rho_a \log \left(\frac{A_{t-1}}{\overline{A}} \right) + \varepsilon_{a,t} \tag{4.10}$$

其中，$\overline{A}$ 为 A_t 的稳态值，ρ_a 为冲击惯性系数，$\varepsilon_{a,t}$ 服从均值为 0、标准差为 σ_a 的正态分布。

企业面临的预算约束条件：

$$C_{E,t} + q_t(H_{E,t} - H_{E,t-1}) + R_{E,t} L_{E,t-1} + W_{H,t} N_{H,t} = Y_t + L_{E,t} \tag{4.11}$$

式（4.11）等号左边为企业的支出，等号右边为企业的收入。$H_{E,t}$ 为企业购买的房地产数量，$t-1$ 期买入，t 期卖出；$L_{E,t-1}$ 为企业向银行的借款，借款利率为 $R_{E,t}$。

企业面临抵押约束，能够得到的借款小于或等于预期实际房地产价值的 $m_{H,t}$ 比例，$m_{H,t} \in (0, 1)$。$m_{H,t}$ 越大，表明企业面临的信贷约束条件越宽松，企业可以借入更多的款项。具体的抵押约束公式如下：

$$L_{E,t} \leq m_{H,t} E_t \left(\frac{q_{t+1}}{R_{E,t+1}} H_{E,t} \right) - m_N W_{H,t} N_{H,t} \tag{4.12}$$

其中，$m_{H,t}$ 满足 AR（1）过程：

$$\log\left(\frac{m_{H,t}}{\overline{m_H}}\right)=\rho_{mH}\log\left(\frac{m_{H,t-1}}{\overline{m_H}}\right)+\varepsilon_{mH,t} \qquad (4.13)$$

其中，$\overline{m_H}$ 为 $m_{H,t}$ 的稳态值，ρ_{mH} 为冲击惯性系数，$\varepsilon_{mH,t}$ 服从均值为 0、标准差为 σ_{mH} 的正态分布。

在式（4.9）、式（4.11）和式（4.12）的约束下，企业通过选择贷款 $L_{E,t}$、房地产 $H_{E,t}$ 和劳动 $N_{H,t}$ 达到目标函数的最大化，$\mu_{E,t}$ 为企业预算约束的拉格朗日乘子，$\lambda_{E,t}$ 为企业借款约束条件的拉格朗日乘子，并用消费的边际效用 $C_{E,t}$ 将其标准化，对应的一阶条件：

$$\mu_{E,t}=\frac{1}{C_{E,t}} \qquad (4.14)$$

$$\left(1-\lambda_{E,t}-\frac{\partial ac_{EE,t}}{\partial L_{E,t}}\right)\frac{1}{C_{E,t}}=\beta_E E_t\left(R_{E,t+1}\frac{1}{C_{E,t+1}}\right) \qquad (4.15)$$

$$\left[q_t-\lambda_{E,t}m_{H,t}E_t\left(\frac{q_{t+1}}{R_{E,t+1}}\right)\right]\frac{1}{C_{E,t}}=\beta_E E_t\left[\left(q_{t+1}+\frac{\nu Y_{t+1}^E}{H_{E,t}}\right)\frac{1}{C_{E,t+1}}\right] \qquad (4.16)$$

$$W_{H,t}N_{H,t}=\frac{(1-\nu)\,Y_t}{1+\lambda_{E,t}m_N} \qquad (4.17)$$

（3）商业银行。商业银行的目标函数与家庭和企业类似。

$$\max E_0\sum_{t=0}^{\infty}\beta_B^t\log C_{B,t} \qquad (4.18)$$

其中，$C_{B,t}$ 为商业银行家的消费，β_B 为商业银行家的贴现率，其小于家庭的贴现率，满足 $\beta_B<\beta_H$。

商业银行面临的预算约束：

$$C_{B,t}+R_{H,t-1}D_{t-1}+L_{E,t}+ac_{EB,t}=D_t+R_{E,t}L_{E,t-1} \qquad (4.19)$$

式（4.19）等号左边为银行的支出，等号右边为银行的收入。$L_{E,t}$ 为银行对企业的贷款，D_t 为家庭储蓄，$R_{H,t}$ 为银行对家庭存款支付的利率，$R_{E,t}$ 为商业银行贷款给企业的利率。

此外，假设银行获取存款的能力受其资本（资产-负债）的约束，例如，巴塞尔协议规定银行持有的资本与资产的比例必须大于或等于预先设定的数值。定义

$K_{B,t}=L_{E,t}-D_t$ 为银行开始的资本，其不得不超出其资产 $L_{E,t}$ 的一个比例 $(1-\gamma_{E,t})$，那么银行面临的资本约束可以表示为：

$$L_{E,t}-D_t \geq (1-\gamma_{E,t})L_{E,t} \qquad (4.20)$$

式（4.20）可以简化为：

$$D_t \leq \gamma_{E,t}L_{E,t} \qquad (4.21)$$

其中，$\gamma_{E,t} \in (0,1)$，其满足 AR(1) 过程：

$$\log\left(\frac{\gamma_{E,t}}{\overline{\gamma_E}}\right)=\rho_{\gamma e}\log\left(\frac{\gamma_{E,t-1}}{\overline{\gamma_E}}\right)+\varepsilon_{\gamma E,t} \qquad (4.22)$$

其中，$\overline{\gamma_E}$ 为 $\gamma_{E,t}$ 的稳态值，$\rho_{\gamma E}$ 为冲击惯性系数，$\varepsilon_{\gamma E,t}$ 为服从均值为 0、标准差为 $\sigma_{\gamma E}$ 的正态分布。

在式（4.19）和式（4.21）的约束下，商业银行通过选择 D_t 和贷款 $L_{E,t}$，达到目标函数的最大化，$\lambda_{B,t}$ 为银行资本约束的拉格朗日乘子，与企业类似，用消费的边际效用 $C_{B,t}$ 将其标准化，$\mu_{B,t}$ 为银行预算约束的拉格朗日乘子，通过求解一阶条件可得：

$$\mu_{B,t}=\frac{1}{C_{B,t}} \qquad (4.23)$$

$$\frac{1}{C_{B,t}}(1-\lambda_{B,t})=\beta_B E_t\left(R_{H,t}\frac{1}{C_{B,t+1}}\right) \qquad (4.24)$$

$$\frac{1}{C_{B,t}}\left(1-\gamma_{E,t}\lambda_{B,t}+\frac{\partial ac_{EB,t}}{\partial L_{E,t}}\right)=\beta_B E_t\left(R_{E,t+1}\frac{1}{C_{B,t+1}}\right) \qquad (4.25)$$

银行可以通过吸收家庭存款 D_t 而增加消费，每增加一单位的存款，消费相应地增加一单位，资本相应地也减少一单位。式（4.24）等号右边代表增加一单位负债（家庭存款 D_t）的成本，左边代表银行增加一单位负债（家庭存款 D_t）带来的消费效用的增加，然而由于银行受到资本约束的限制，增加的消费效用会减少 $\lambda_{B,t}$。

商业银行也可以通过减少贷款而增加消费，而减少贷款同样会减少银行的资本。式（4.25）等号左边代表银行减少一单位资产（企业贷款 $L_{E,t}$）增加的效用，等号右边代表银行减少一单位资产需要付出的成本。由于银行资本约束的限制，通过减少贷款增加的消费效用也会减少 $\gamma_{E,t}\lambda_{B,t}$。

（4）生产出清。在宏观均衡下，产品市场和房地产市场满足市场出清条件：

$$Y_t = C_{H,t} + C_{B,t} + C_{E,t} \qquad (4.26)$$

$$H_{E,t} + H_{H,t} = 1 \qquad (4.27)$$

上述模型包含 C_H、N_H、L_E、H_H、q、R_H、D、W_H、CE、HE、Y、CB、RE、λ_E、λ_B 15 个内生变量及 A_t、j_t、$m_{h,t}$、$\gamma_{E,t}$ 4 个外生冲击变量。模型稳态一共包含 8 个一阶条件方程，再加上 5 个约束条件和 2 个市场均衡条件，一共是 15 个方程。

4.3　金融周期机制的理论分析

4.3.1　住房需求冲击下的金融周期机制

家庭部门最优决策行为可以获得代表性家庭的房地产需求方程：

$$q_t = \frac{j_t C_{H,t}}{H_{H,t}} + \beta_h E_t \left(\frac{q_{t+1} C_{H,t}}{C_{H,t+1}} \right) \qquad (4.28)$$

式（4.28）等号左边代表增加家庭一单位住房的边际成本即实际房价 q_t，等号右边表示增加一单位住房带来的边际收益。收益包含两部分：第一部分是居住使用产生的边际效用，第二部分是转售房产获得收益的贴现。追求终生效用最大化的代表性家庭通过选择当期住房需求量使其产生的边际成本和边际收益相等。式（4.28）显示，若经济体中发生一单位正向住房需求冲击，会提升住房对家庭的边际效用，家庭增加对住房的购买推动了房价的上涨。而房地产价格的上涨会影响企业抵押品的价值，通过企业面临的抵押约束放大经济周期波动。

4.3.2　企业抵押约束下的金融周期机制

企业部门最优化决策行为可以获得代表性企业的房地产需求方程：

$$q_t = \beta_E E_t \left[\frac{C_{E,t}}{C_{E,t+1}} \left(q_{t+1} + \frac{\nu Y_{t+1}^E}{H_{E,t}} \right) \right] + \lambda_{E,t} m_H E_t \left(\frac{q_{t+1}}{R_{E,t+1}} \right) \qquad (4.29)$$

与家庭的需求方程类似，式（4.29）等号左边代表企业增加一单位住房的边际成本即实际房价 q_t，等号右边表示企业增加一单位房产带来的边际收益。收益包含三部分：第一部分为房地产的预期价格，第二部分为增加一单位房产带来的边际产量，第三部分为抵押品可以用于抵押贷款的实际价值。企业根据最优化决策使增加一单位房产的边际收益等于边际成本。

进一步分析上述方程可以发现，家庭部门发生一个单位正向需求冲击使住房价格上升时，一方面，在住房供给给定的情况下，如果企业部门预期的房地产价格的增值部分超过边际产量的下跌，这时企业会增加房地产的购买，从而导致住房价格进一步上涨。另一方面，如果企业抵押约束条件变化，如 m_H 变大，同样价值的抵押品，企业可以用于抵押的比例上升，将推动企业增加房地产的购买，从而导致房地产价格上升。同时，企业可以贷款的比例增加。贷款的增加进一步刺激企业增加投资，产出增加，放大经济周期的波动。

4.3.3　商业银行资本约束下的金融周期机制

根据商业银行部门的最优化决策行为可以得到以下方程：

$$E_t \left[\frac{C_{B,t} \beta_b}{C_{B,t+1}} (R_{E,t+1} - R_{H,t}) \right] = \lambda_{B,t} (1 - \gamma_{E,t}) \qquad (4.30)$$

式（4.30）等号左边代表商业银行以消费衡量的存贷利差的贴现值，也就是商业银行的利润。当 $\gamma_{E,t}$ 变大时，表示银行资本约束条件变松，一方面，商业银行扩张资产负债表，从而使信贷供给增加；另一方面，从式（4.30）也可以看出，$\gamma_{E,t}$ 变大时，商业银行的信贷利差，即贷款利率和存款利率之间的差变小，贷款利率 $R_{E,t}$ 的下降吸引更多的企业去贷款。信贷的增加推动企业家增加投资，产出增加，从而放大经济周期波动。

4.4　参数估计

4.4.1　方法说明

根据相关文献中的常用参数值，结合中国经济的季度数据来确定模型的结构参数。结构参数向量 $\theta = \{\beta_H,\ \beta_E,\ \beta_B,\ mN,\ \tau,\ \varphi,\ \rho_j,\ \rho_{mH},\ \rho_a,\ \rho_{ye},\ \sigma_j,\ \sigma_{mH},\ \sigma_a,\ \sigma_{ye}\}$。模型中需要估计的参数分为两类：一类是影响内生变量稳态关系的行为参数，如 β_H、β_E、β_B、ν、mN；另一类是刻画内生变量间动态关系的结构性参数，这类参数的值是不确定的，如 τ、φ、ρ_j、ρ_{mH}、ρ_a、ρ_{yE} 以及结构冲击的标准差 σ_j、σ_{mH}、σ_a、σ_{yE}。对于第一类参数，可以根据相关文献采取传统的校准方法对其进行设定；但对后一类参数，校准方法因为缺乏正式的统计基础而不适用（Kim and Pagan，1995），因此本书采用贝叶斯方法对这类参数进行估计。

4.4.2　参数校准

参数的具体取值见表4.1。经济中各主体的主观贴现因子根据模型校准稳态得到。首先，家庭贴现因子 β_H 取 0.9925，从而使稳态时年度存款利率为 3%。具体计算过程为：由模型稳态条件式（4.5）得 $R_H = 1/\beta_H$，从而根据 $\left(\dfrac{1}{\beta_H}-1\right) \times 4 = 3\%$，可得 β_H 的取值为 0.9925。其次，由于 $\beta_E R_E < 1$（这是达到稳态的必要条件），又由式（4.24）和式（4.25）对应的稳态方程得 R_E 的表达式为 $R_E = \dfrac{1}{\beta_B} - \gamma_E\left(\dfrac{1}{\beta_B}-\dfrac{1}{\beta_H}\right)$，上述合并可得：$\dfrac{1}{\beta_E} > \gamma_E\dfrac{1}{\beta_E}+(1-\gamma_E)\dfrac{1}{\beta_B}$，这是对企业折现率的要求，即企业折现率小于家庭折现率和商业银行折现率的加权。最后，由于企业家和金融中介的不耐性，其折现率都小于家庭，因此取企业家的贴现率为 0.94，金融中介的贴现率为 0.945。

根据 Chen 等（2018）的研究通过中国微观银行数据计算得到 2009~2015 年

的平均资本充足率为 12.71%，因此取商业银行资本约束比例的稳态值 $\overline{\gamma_E}$ 为 0.9，对应于 10% 的资本充足率水平。根据孟宪春等（2019）的研究，取房地产产出弹性 ν 为 0.05。根据商业银行的一般做法，企业抵押贷款抵押率处于 50%~70% 区间，因而取抵押比例的稳态值 $\overline{m_H}$ 为 0.7；根据 Iacoviello（2015）的研究，假设预付工资比例 m_N 为 1。

表 4.1　参数取值

参数描述	参数	取值	
家庭贴现因子	β_H	0.9925	根据实际数据校准
企业贴现因子	β_E	0.94	根据模型稳态校准
金融中介贴现因子	β_B	0.945	根据模型稳态校准
房地产产出弹性	ν	0.05	孟宪春等（2019）
企业抵押比例稳态值	$\overline{m_H}$	0.7	根据实际数据校准
商业银行资本约束稳态值	$\overline{\gamma_E}$	0.9	根据实际数据校准
预付工资比例	m_N	1	Iacoviello（2015）

4.4.3　贝叶斯估计

选取中国 2001 年第一季度至 2020 年第二季度的 GDP、房地产价格以及非金融私人部门信贷数据对经济系统动态参数进行贝叶斯估计。上述数据来源和指标解释与前述第 3 章一致，但数据处理略有不同，第 3 章在测度金融周期时是计算各指标的同比增长率，本章为了匹配 DSGE 模型，必须采用环比增长率。①通过 CPI 数据计算出各期的环比通货膨胀率，并以 2001 年第一季度为基期将产出、房地产价格以及非金融部门信贷转化为实际变量；②采用 X-12 方法对以上指标做季节调整；③对最终获得的实际变量取对数差分并去均值以匹配相应内生变量的增长率。

进一步确定参数的先验分布：①设定劳动供给偏好系数 τ 的先验均值为 1，服从标准差为 0.05 的 Gamma 分布；②设定劳动的跨期供给弹性倒数 φ 的先验均值为 0.5，服从标准差为 0.05 的 Gamma 分布；③设定各个冲击的自回归系数的先验均值为 0.9，服从标准差为 0.05 的 Beta 分布（因其取值在 0 与 1 之间）；
④设定各个冲击的标准差先验均值为 0.1，均服从标准差为 0.05 的逆 Gamma 分
布。参数估计结果见表 4.2。

表 4.2　参数估计结果

参数说明	参数	先验分布		后验分布	
		先验均值	先验密度函数	后验均值	90%置信区间
劳动供给偏好系数	τ	1	Gamma 分布	1.0299	[1.0153, 1.0444]
劳动的跨期供给弹性倒数	φ	0.5	Gamma 分布	0.4980	[0.4861, 0.5099]
房地产需求冲击惯性系数	ρ_j	0.9	Beta 分布	0.8987	[0.8814, 0.9085]
抵押约束冲击惯性系数	ρ_{mH}	0.9	Beta 分布	0.8539	[0.8432, 0.8636]
企业技术冲击惯性系数	ρ_a	0.9	Beta 分布	0.9539	[0.9417, 0.9655]
商业银行资本约束冲击惯性系数	$\rho_{\gamma E}$	0.9	Beta 分布	0.9214	[0.9005, 0.9402]
房地产需求冲击标准差	σ_j	0.1	逆 Gamma 分布	0.1270	[0.1140, 0.1399]
技术冲击标准差	σ_a	0.1	逆 Gamma 分布	0.0698	[0.0604, 0.0792]
企业抵押约束冲击标准差	σ_{mH}	0.1	逆 Gamma 分布	0.1177	[0.1074, 0.1280]
商业银行资本冲击约束标准差	$\sigma_{\gamma E}$	0.1	逆 Gamma 分布	0.0872	[0.0728, 0.1016]

4.5　模型结果分析

第 4.3 节对金融周期的形成机制进行了深入剖析，其逻辑主要体现在以下两
个渠道：一是企业家面临的抵押约束条件变化会放大经济周期波动；二是商业银
行面临的资本约束条件变化会放大经济周期波动。此外，家庭住房需求的变化通
过影响企业抵押品的价值而影响经济周期波动。以下分别给出住房需求冲击、企
业抵押约束冲击和商业银行资本约束冲击对主要宏观经济变量的脉冲响应估计
结果。

4.5.1 住房需求冲击的脉冲响应

从图 4.1 可以看出，给一个正向的居民住房需求冲击，房地产价格上升，房地产价格的上升使企业抵押品价值增加，因而信贷增加，信贷的增加使企业家增加投资，进而产出增加。此外，在住房需求冲击的冲击下，与消费相比，居民更加偏好于购买住房，因而居民消费暂时下降，但由于房地产价格上升引起的财富效应，居民消费在第 6 期开始增加。

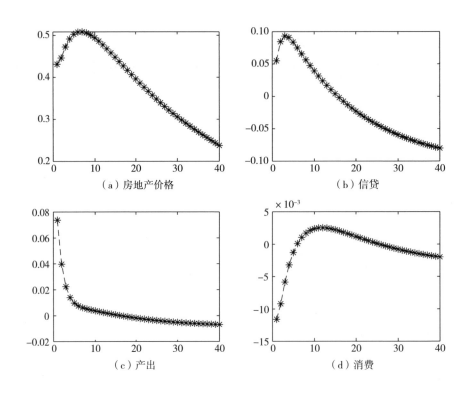

（a）房地产价格   （b）信贷

（c）产出   （d）消费

图 4.1   正向房地产需求冲击下的脉冲响应

4.5.2 企业抵押约束冲击的脉冲响应

图 4.2 显示，给一个正向的抵押约束冲击，m_H 上升，代表企业家的抵押约束条件放松，同样价值的抵押品可以用于抵押贷款的比例上升，因而企业家贷款

增加。由于房地产不仅具有抵押品属性还具有生产要素的属性，所以贷款的增加一方面促使企业家增加房地产的购买，另一方面增加雇佣劳动，使产出增加。同时，企业房地产购买的增加使房地产价格上升，这又反过来导致居民财富增加，从而消费增加。

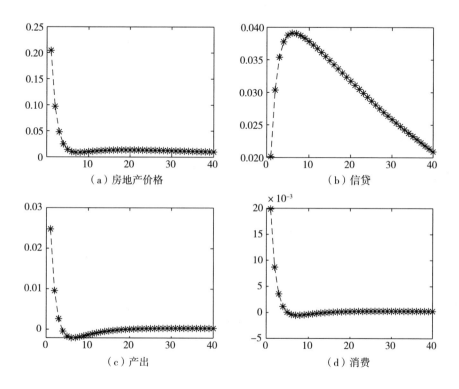

图 4.2　正向的企业抵押约束冲击下的脉冲响应

4.5.3　商业银行资本约束冲击的脉冲响应

图 4.3 显示，给一个正向的银行资本约束冲击时，$\gamma_{E,t}$ 上升，相当于商业银行要求的资本充足率降低，这时商业银行会扩充资产负债表，增加贷款供给。与上述企业抵押约束 m_H 冲击的作用机制类似，企业信贷的增加促使其增加房地产购买和雇佣劳动，从而产出增加，同时导致房地产价格上升。另外，由于财富效应，房地产价格上升使居民消费增加。

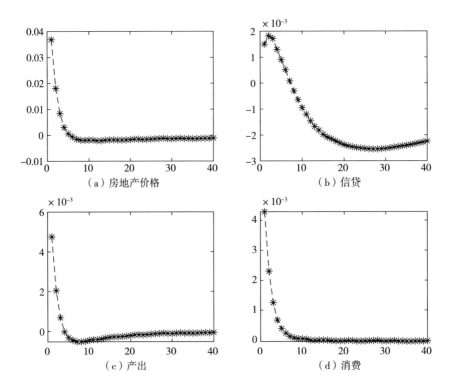

图4.3　正向银行资本约束冲击下的脉冲响应

4.6　主要经济变量的方差分解

表4.3给出了主要变量的方差分解结果，从中可以看出造成房地产价格和信贷的波动的主要是房地产需求冲击、企业抵押约束冲击和商业银行资本约束冲击，三者加起来可以分别解释房地产价格和信贷波动的68.06%和95.73%。技术冲击虽然可以在很大程度上解释产出和消费波动，但是却对信贷和房地产价格难以产生较大的传导效应，这与高然等（2017）的研究结论一致。

表 4.3　主要经济变量的方差分解

指标	$\varepsilon_{j,t}$	$\varepsilon_{mH,t}$	$\varepsilon_{\gamma E,t}$	$\varepsilon_{a,t}$
房地产价格	51.14	14.46	2.46	31.94
信贷	43.76	47.60	4.37	4.27
产出	21.11	21.22	4.41	53.25
消费	17.51	19.98	4.97	57.54

4.7　本章小结

　　本章通过构建一个 DSGE 模型刻画了中国金融周期的机制，即通过贝叶斯估计和脉冲响应分析得出，企业抵押约束和商业银行资本约束是金融因素放大经济周期波动的两个重要渠道，并通过方差分解结果得出，房地产需求冲击、企业抵押约束冲击和商业银行资本约束冲击是导致中国房地产价格和信贷波动的主要原因。

第5章　金融周期与金融加速器效应

第4章通过构建 DSGE 模型对金融因素影响经济波动的机制进行了刻画，其属于金融加速器理论的分析框架。金融加速器理论重点关注金融因素放大经济波动的微观影响机制，而金融周期理论重点关注金融周期放大经济周期的宏观影响机制，主要从整个时间序列上分析二者之间的相互影响关系。两种理论各有所长，相互渗透。本章将金融周期与金融加速器理论联系在一起，从金融周期角度，借鉴其思想将金融加速器效应扩展到宏观层面，探讨不同时期金融加速器效应大小及机制的不同，即不同时期金融周期放大经济周期波动的作用机制及大小，从而对金融加速器理论进行拓展，并加深对中国金融周期现象的认识。

5.1　金融周期与金融加速器的理论联系

通过前述文献评述可知，金融加速器理论的思想来源于债务—通货紧缩理论，核心是探讨借款者的资产负债表与产出波动之间的关系。其机制是，借款者的资本净值与代理成本呈反向关系。当经济繁荣时，资产价格上升，借款者资本净值增加，代理成本下降，这导致借款人增加借款，从而增加投资，于是产出增加，经济进一步繁荣，如此反复循环；反之，当经济衰退时，结论正好相反。这说明，实体经济部门和金融部门的资产负债表之间是一种互相反馈关系，而这种互相反馈的关系放大了经济周期波动。

虽然金融周期理论没有直接研究资产负债表和产出波动之间的关系，但是反映金融周期变量的房地产价格和信贷与金融加速器理论密切相关。房地产价格上升时资本净值也上升，代理成本下降时融资成本也下降，这时，企业贷款变得更加容易，因而信贷会增加。也就是说，资本净值和代理成本的反向关系，反映在房地产价格和信贷上就是正向关系。所以，资本净值和代理成本二者反向影响关系会放大经济周期波动，也意味着信贷和房地产价格的正向影响关系同样会放大经济周期波动。因此，金融周期理论和金融加速器效应理论在一定程度上是相一致的。

研究金融加速器效应的主流文献多基于动态随机一般均衡模型（DSGE），如 Kiyotaki 和 Moore（1997）、Bernanke 等（1999）等。除了采用 DSGE 模型，经济学家还采用其他分析方法，研究金融周期放大经济周期波动的效应及机制，其主要是采用信贷、房地产价格等金融变量对上述机制进行实证分析。结果表明，金融变量和实体经济变量的相互作用确实放大了经济周期的波动，并且在不同的时期表现为不对称性，衰退期比繁荣期的加速作用更加明显（Claessens et al.，2009；Mendoza and Terrones，2012；Claessens et al.，2012）。这启发我们在不同时期，金融周期放大经济周期的作用即金融加速器效应是不同的。所以不必拘泥于资产净值和代理成本概念，还可以采取信贷、房地产价格等金融周期的变量研究金融加速器效应，而信贷和房地产价格正是测度金融周期的两个核心指标。

就目前文献来看，从金融周期角度研究金融加速器效应的文献相对较少，如邓创和徐曼（2014）利用主成分分析法测算了中国的金融周期指数，结果表明，中国金融周期波动先于经济周期，且存在长扩张短收缩的非对称效应特征。方芳和刘鹏（2010）通过 VAR 模型证实中国的金融周期存在顺周期效应，经济波动与金融周期之间存在着较强的格兰杰因果关系。张超和任志宏（2018）运用 BP 滤波和 VAR 等方法考察了中国的金融周期特征及其与经济周期的关系，得出金融周期与经济周期在大多数时候同时上升、同时下降，且二者在互动影响过程中，房地产等资产价格发挥着关键的传导作用。上述研究主要侧重金融周期的测度以及金融周期与经济周期先后关系的辨别，未将金融加速器理论与金融周期概念相结合，从理论上去探究二者之间的相互关系。本章将在这一点上进行改进，通过借鉴金融周期的思想和测度方法，从金融周期这一新视角去理解中国金融加速器效应的特征及机制。

5.2 金融加速器效应区制特征的现实依据

金融加速器理论只解释了金融因素放大经济波动的理论机制，没有考察金融加速器效应在不同时期的不同特征。然而，在现实经济中，金融加速器在不同时期对经济波动的放大效应是不同的，如 2008 年全球金融危机爆发后，中国政府采取了 4 万亿元的刺激政策，这导致金融加速器效应增大，金融因素对经济的刺激作用加强。此外，不同时期，外部冲击强度不同，金融监管强度不同，金融结构变化不同等，也影响到金融加速器的放大机制。因此，区分不同时期金融加速器的不同放大机制和放大效应，以加深对金融加速器的理解，以推进金融加速器的研究，是本章的研究目标。

另外，依据第 3 章对金融周期和经济周期的测度结果，如图 5.1 所示，金融周期的波动幅度明显大于经济周期，在两个时期特别明显，一个时期是 2002 ~ 2005 年，另一个时期是 2008 ~ 2011 年。受新冠疫情影响，经济周期在 2020 年下降幅度较大。为了进一步观察金融周期波动和经济周期波动之间的关系，我们还测算了金融周期与经济周期 4 年的移动标准差，作为两个周期的波动幅度度量指标，如图 5.2 所示。从图 5.2 中可以看出，2000 ~ 2005 年，金融周期波动幅度是下滑的，在 2005 年到达低谷，而经济周期波动幅度在 2002 年已经达到低谷，2003 年后开始回升。2005 ~ 2014 年，金融周期和经济周期的波动幅度都经历了一个从上升到下降的过程；2015 年之后，经济周期的波动幅度反而超过了金融周期的波动幅度。因此，金融周期与经济周期在不同的时间区间，其波动幅度及其变化趋势是不同的。

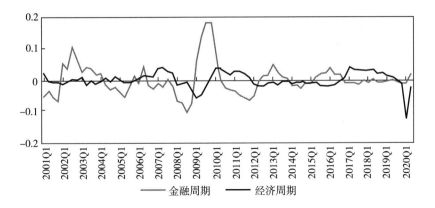

图 5.1　金融周期和经济周期

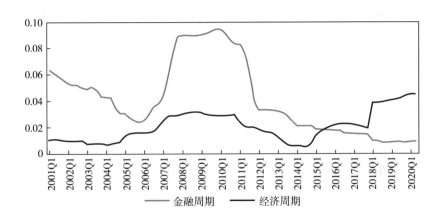

图 5.2　金融周期与经济周期的 4 年移动标准差

　　为此，本章采用马尔科夫区制转换向量自回归模型研究中国的金融加速器效应，将时间序列区分为两个不同的时间区间，测度不同时间区间内金融变量对经济变量的影响强度大小，研究不同时间区间内金融变量与经济变量之间的相互关系。这是本章研究的重点。

　　本章把区制分析引入金融加速器理论，有助于测度、理解和分析为什么在不同时期，金融加速器的效应强度不同，即不同时期金融周期对经济周期波动的影响强度不同。这一研究的理论意义在于，从外延上扩展了金融加速器的变量，把研究金融周期的变量纳入金融加速器理论中，从内涵上深化了金融加速器的机制分析，把区制引进金融加速器理论，加深对金融加速器机制的理解，从而也加深对金融周期理论的理解。2008 年全球金融危机后，中央银行不仅要用货币政策调控经济系统，还要用宏观审慎政策调控金融系统。把区制分析引入金融加速器理论，中央银行可以针对不同时期金融加速器效应的不同，制定更有针对性的货币政策和宏观审慎政策，从而减少金融对经济波动带来的负面影响。

本章主要包括以下几个部分：第一部分为金融周期与金融加速器的理论联系；第二部分描述金融周期与经济周期的波动幅度及其相互关系，为下一步研究做准备；第三部分通过马尔科夫区制转移向量自回归模型对中国金融加速器效应的区制特征，即不同时期金融周期对经济周期的放大效应进行实证研究；第四部分和第五部分探讨金融加速器效应区制特征的原因，并给出相应的政策应对措施；最后一部分为结论。

5.3 金融加速器效应区制特征的实证分析

借鉴金融周期的理论研究不同时期金融加速器效应，就是在上述测度金融周期和经济周期及其波动幅度的基础上，采用所计算出的经济周期和金融周期数据，通过建立计量模型，对不同时期金融周期放大经济周期的效应进行估计，并对其机制进行分析。

根据图 5.2 的基本事实，金融周期与经济周期的波动幅度及其变化趋势在不同的时间区间表现不同，因此不宜采用线性 VAR 模型。线性 VAR 模型假设现实的经济结构不会改变，所以模型的系数在整个时期是一致的，无法得到系数随时间变化的情况。马尔科夫区制转移向量自回归模型（Markov Switch Vector Auto Regressive Model），简称 MSVAR 模型。自 Hamilton（1989）提出 MSAR 模型以来，这类模型就成为研究时间序列数据的一种重要研究方法。MSVAR 模型本质上是根据数据之间本身存在的非线性关系，将整个时间序列区分为不同的时间段，分别研究各个时间段内二者之间的关系。这样，不同的时间区间就对应不同的区制。

以下首先介绍 MSVAR 模型本身，其次设定模型的区制，最后估计出结果。

5.3.1　MSVAR 模型

MSVAR 模型假定在不同的时期，宏观经济时间序列的结构会发生变化，即 VAR 模型的截距项、均值、系数及残差方差会发生变化。具体来说，该模型假定经济系统存在多个机制，即存在一个不可观测的机制变量 S_t，$S_t \in \{1, \cdots, M\}$，M 为机制的数量，不同的机制代表不同的经济结构。

可观测时间序列向量 y_t 的条件概率密度表示为：

$$p(y_t \mid Y_{t-1}, s_t) = \begin{cases} f(y_t \mid Y_{t-1}, \theta_1) & if s_t = 1 \\ \qquad \vdots \\ f(y_t \mid Y_{t-1}, \theta_m) & if s_t = M \end{cases} \tag{5.1}$$

其中，θ_m 为机制 $m = 1, \cdots, M$ 时的 VAR 模型系数；Y_{t-1} 为时间序列向量观测值 $\{y_{t-j}\}_1^\infty$。

P 阶滞后、具有 M 个机制的 VAR 模型可以表示为：

$$y_t - \mu(s_t) = A_1(s_t)\left[y_{t-1} - \mu(s_{t-1})\right] + \cdots + A_p(s_t)\left[y_{t-p} - \mu(s_{t-p})\right] + u_t \tag{5.2}$$

其中，均值向量 μ 和系数矩阵 A_1，A_2，$\cdots$，A_p 及扰动向量 u_t 的方差是可变的，即 $\mu_t \sim NID\left[0, \sum(s_t)\right]$，$\mu(s_t)$，$A_1(s_t)$，$\cdots$，$A_p(s_t)$，$\sum(s_t)$ 依赖于机制变量 s_t。

区制变量 $S_t \in \{1, \cdots, M\}$ 服从离散时间、离散状态的一阶马尔科夫过程，各状态间的转变通过转移概率表示，从区制 i 到区制 j 的转移概率为：

$$P_r(S_t = j \mid S_{t-1} = i, S_{t-2} = k, \cdots) = P_r(S_t = j \mid S_{t-1} = i) = p_{ij} \tag{5.3}$$

因此，S_t 的转移概率矩阵为：

$$P = \begin{pmatrix} p_{11} & p_{21} & \cdots & p_{N1} \\ p_{12} & p_{22} & \cdots & p_{N2} \\ \vdots & \vdots & \vdots & \vdots \\ p_{1N} & p_{2N} & \cdots & p_{NN} \end{pmatrix} \tag{5.4}$$

其中，$p_{i1} + p_{i2} + \cdots p_{iN} = 1$，$i = 1, 2, \cdots, N$。

根据均值、截距、自回归参数和方差是否依赖于区制变量 S_t 所处的状态，MSVAR 模型又可以区分为 MSM-VAR（均值依赖）、MSI-VAR（截距依赖）、MSA-VAR（回归系数依赖）、MSH-VAR（方差依赖）多种形式。同时，不同组合搭配起来又可分为 MSIA、MSIH、MSMA、MSMAH 等多种形式，例如，MSMAH 表示模型均值、自回归系数和残差方差都随区制变量的变化而变化。

5.3.2 MSVAR 模型的区制设定

所谓区制设定，就是依据经济理论或数据本身将整个时间序列划分为不同的时间区间，然后探讨在不同区间内时间序列之间的关系。由于本书重点关注金融周期对经济周期的作用，并假设金融周期对经济周期的作用在不同的时间区间是不同的，因此，按照经济周期波动幅度来划分区制，即将整个时间区间划分为两个时间区间：剧烈波动期和平稳期，分别对应于 MSVAR 模型的 2 个区制：区制 1 和区制 2。

上文已经提过，MSVAR 模型有多种形式，究竟采用哪种形式，还需要进行检验。通过模型回归的对数似然值（log-likelihood）、AIC 准则（Akaike Information Criterion）、SC 准则（Schwarz Criterion）和 HQ 准则（Hannan-Quinn Criterion）等确定具体的模型形式。对数似然值越大，AIC 准则、SC 准则和 HQ 准则越小，则表明该模型回归结果越可靠。

5.3.3 模型选择

本章构建包含金融周期和经济周期两个变量的 MSVAR 模型，并对表 5.1 中 9 种具体的模型形式分别进行了检验。MSVAR 各种具体形式的含义前述已经介绍，每一种具体模型形式括号中的数字分别代表区制数和滞后期数。检验结果如下：

表 5.1　模型选择依据

模型	log-likelihood	AIC	HQ	SC
VAR（2）	351. 5131	−8. 9082	−8. 7489	−8. 5096

模型	log-likelihood	AIC	HQ	SC
MSIAH（2）-VAR（2）*	391.0329	-9.5535	-9.2103	-8.6948
MSIA（2）-VAR（2）	372.9395	-9.1563	-8.8499	-8.3896
MSIH（2）-VAR（2）	387.7689	-9.6781	-9.4330	-9.0648
MSI（2）-VAR（2）	376.9386	-9.4721	-9.2637	-8.9507
MSM（2）-VAR（2）	351.4649	-8.8017	-8.5934	-8.2804
MSMA（2）-VAR（2）	296.1725	-7.1361	-6.8297	-6.3694
MSMH（2）-VAR（2）	389.7096	-9.7292	-9.4841	-9.1158
MSMAH（2）-VAR（2）	296.1725	-7.0572	-6.7140	-6.1985

依据对数似然值、AIC 准则、HQ 准则和 SC 准则，可以看到 MSIAH（2）-VAR（2）（截距、系数和方差依赖、2 区制 VAR 模型）的回归结果优于其他模型。此外，对模型的非线性特征进行了检验，依据选定的 MSIAH（2）-VAR（2）模型，LCR 线性统计量的值为 79.0395，卡方统计量的 P 值为 0.0000，Davies 检验的 P 值为 0.0000，统计结果均拒绝线性模型的假设，说明将模型设定为非线性模型是合适的。因此，我们认为 MSIAH（2）-VAR（2）是最合适的模型形式。

5.3.4 模型的估计结果

利用 OX-MSVAR 软件包对包含金融周期和经济周期两个变量的 MSIAH（2）-VAR（2）模型进行估计和检验，所用算法为 EM 算法，详细估计方法可参见 Krolzig（1997）。

（1）回归结果。表 5.2 给出了模型的估计结果。finance 代表金融周期，finance（-1）和 finance（-2）分别为金融周期的滞后一期和滞后二期。gdp 代表经济周期，gdp（-1）和 gdp（-2）分别为经济周期的滞后一期和滞后二期。Const 是常数项。每一行的数值代表回归系数的估计结果。从回归结果来看，金融周期和经济周期二者的数量关系在区制 1 和区制 2 是不同的，也就是在区制1和区制2分别以金融周期和经济周期为被解释变量其滞后项作为解释变量时，回归系数的估计值是不同的。我们重点关注以经济周期为被解释变量时，金融周期作为解释变量的系数大小及显著性。在区制1即剧烈波动期，经济周期为被解释变量时，金融周期滞后项 finance（-1）的系数为 0.239；在区制2即平稳期，经济周期为被解释变量时，金融周期滞后项 finance（-1）的系数为 0.0583。这两个系数均通过了显著性检验，而且区制1的系数大于区制2。

表 5.2   MSIAH（2）-VAR（2）模型估计结果

指标	区制 1		区制 2	
	gdp	finance	gdp	finance
Const	-0.0056	-0.005	0.0004	0.003
gdp（-1）	0.156	0.229*	0.923**	0.117
gdp（-2）	0.4951	-0.58	-0.042	-0.521
finance（-1）	0.239**	0.674**	0.0583*	0.466**
finance（-2）	-0.136	0.085	-0.020	-0.010
SE	0.031	0.01	0.005	0.024

注：括号内数值为 t 统计量的值，** 和 * 分别表示1%和5%的显著性水平。

（2）概率滤波图。图 5.3 给出了区制1和区制2分别对应的概率滤波图及平滑图。图 5.3（a）是金融周期与经济周期原序列图，图 5.3（b）和图 5.3（c）分别为区制1和区制2的概率滤波图。概率滤波图的纵坐标表示概率大小，横坐标表示时间，其含义是对应于某个时期，如果该时期处于某区制的概率大于0.5，表明该时期属于该区制。举例来说，2020年第一季度至第二季度这个时间区间，处于区制1的概率大致等于1，那么这一时期就属于区制1。也就是说，这一时期金融周期和经济周期二者之间的数量关系对应于表 5.2 区制1的回归结果。具体的区制和时间区间的对应关系我们在表 5.3 给出。

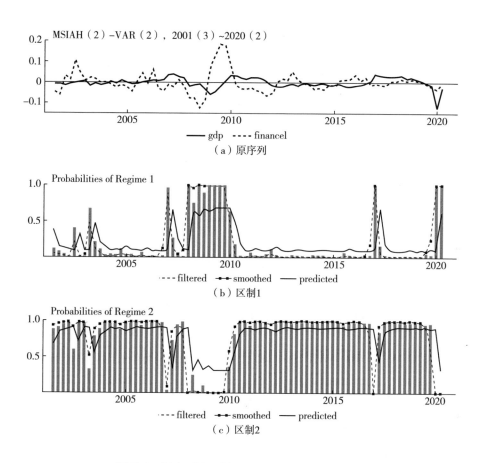

图 5.3 原序列及区制 1 和区制 2 的概率滤波图

表 5.3 模型结果的区制划分

区制 1	区制 2
剧烈波动期	平稳期
2008 年第一季度至 2009 年第四季度	2001 年第三季度至 2006 年第四季度
2017 年第一季度	2007 年第二季度至 2007 年第四季度
2020 年第一季度至 2020 年第二季度	2010 年第一季度至 2016 年第四季度

表 5.3 给出了区制 1 和区制 2 分别对应的时间区间。处于区制 1 的时间区间有三段：2008 年第一季度至 2009 年第四季度、2017 年第一季度和 2020 年第一

季度至 2020 年第二季度，其他时期则处于区制 2。模型结果得出的区制划分区间与前述区制的设定基本相同。前述根据经济周期波动幅度将整个时间序列划分为剧烈波动期和平稳期。而模型结果得出的区制 1 对应的第一个时间区间，即 2008 年第一季度至 2009 年第四季度正好是金融危机之后，第三个时间区间即 2020 年第一季度至第二季度正好是新冠疫情发生之后，二者均为经济周期的剧烈波动期。

（3）转移概率矩阵。表 5.4 给出了区制转移概率矩阵和各区制状态持续期的估计结果。转移概率矩阵的每一个具体数值表示从一个区制转移到另一个区制的概率。表 5.4 中 0.314 表示从区制 1 转移到区制 2 的概率，0.0826 表示从区制 2 转移至区制 1 的概率；0.686 表示经济维持在区制 1 的概率，0.9174 表示经济维持在区制 2 的概率。当维持在某一区制的概率越大时，说明经济系统处于该区制的状态越稳定的，持续期也越长。该表说明经济系统处于区制 2 即平稳期的状态最稳定，持续时间也最长，为 12.11 季度。

表 5.4　区制转移概率矩阵

区制	区制 1	区制 2
区制 1	0.686	0.314
区制 2	0.0826	0.9174
持续期	3.18 季度	12.11 季度

5.3.5　脉冲响应分析

为比较不同区制下中国的金融加速器效应，按照表 5.2 的回归结果，图 5.4 给出了金融周期冲击引起经济周期波动的脉冲响应函数。从图 5.4 中可以看出，无论是区制 1 还是区制 2，金融周期的一个正冲击都会对经济周期波动产生正向影响，换句话说，金融周期放大了经济周期波动。而且，区制 1 的放大效应远大于区制 2。这证明了中国金融加速器效应确实存在区制性的特征，即剧烈波动期的金融加速器效应大于平稳期。

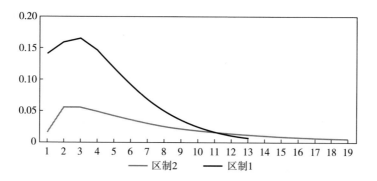

图 5.4　金融周期冲击引起经济周期波动的脉冲响应函数

5.4　金融加速器效应区制特征的原因

金融加速器效应的区制特征具有一般性。如剧烈波动期内的金融加速器效应为何大于平稳期，可以用 Bernanke 等（1996）的金融加速器机制来解释。当经济处于剧烈波动期时，如经济周期急剧下降，由于资产价格的下降幅度比经济处于平稳期时更大，因而企业资产负债表恶化速度会更快、程度更深，企业贷款变得异常困难，对经济衰退的加速度也更大；反之，经济周期急剧上升，资产价格上升幅度也比平稳期大，企业的资产负债表变得比平稳期更强，导致企业贷款增加更多，从而对经济繁荣的加速度也更大。尤其是房地产作为重要的抵押品，其价格的大幅度上升和下降会与信贷相互加强而放大经济周期波动。当然，并不是只有企业资产负债表的强弱会影响金融加速器效应的大小，家庭、金融中介等经济主体的资产负债表也会以类似的机制影响金融加速器效应，这里不再细述。

然而，中国金融加速器的区制效应特征还有其特殊性。以下分别从理论和经济现实两方面进行分析。

5.4.1　不确定性与金融加速器效应

不确定性的大小是造成金融加速器效应区制特征的原因之一。近年来，不确定性频繁出现在各大媒体报刊，学术界将其定义为未来可能发生的事件中无法预测概率分布的部分（Jurado et al., 2015）。不确定性的大小在经济发展的不同阶段是不同的，也就是具有时变性。根据 Baker（2015）、胡成春和陈讯（2020）等对中国政策不确定指数的计量结果，比较一致的是 2008~2010 年中国的不确定指数较高。这跟本书的区制划分基本一致，即剧烈波动期的不确定性较大，平稳期的不确定性较小。

不确定性主要通过两个层面影响金融加速器效应：一是较高的不确定性增大了借款者和贷款者之间由于信息不对称产生的金融摩擦（Jurado et al., 2015）。金融加速器效应本身是由贷款者和借款者之间的信息不对称，借款者难以观察到贷款者的冒险行为，因而需要一定的监督成本来监测贷款者的行为，这一监督成本就是代理成本，代理成本的高低决定了企业融资成本的高低。当不确定性较大时，贷款者会面临更高的代理成本，也就是更高的融资成本，因而增加了企业的融资难度，放大了金融加速器效应。二是不确定性冲击会引起资产价格下跌，从而使企业净值减少、杠杆率增大，进而导致外部融资溢价上升，增加了企业的融资难度（Huseyin and Mihai, 2013）。因此，较高的不确定性会放大金融加速器效应。

李拉亚（1995）把冲击分为确定性冲击和不确定性冲击，对于确定性冲击，经济人可以提前做好应对准备，以尽量减少冲击带来的负面影响。对于不确定性冲击，经济人往往无从准备，只能在冲击发生后，采取应对措施，以减少冲击带来的负面影响。对于中国来说，不确定性冲击主要体现在两个方面：一是突发事件引发的经济不确定性，如 2008 年的全球金融危机冲击和 2020 年的新冠疫情冲击。从图 5.3 可以看出，区制 1 所在的时间区间即剧烈波动期恰好与金融危机和新冠疫情的时间区间基本相重合。这一时期的金融加速器效应之所以比平稳期更大，是因为全球金融危机和新冠疫情的冲击使经济的不确定性加大，从而使金融加速器效应变大。二是突发事件带来经济政策的较大变动，从而带来不确定性。为应对全球金融危机，财政政策出现较大变化，2008 年 11 月中国启动了 4 万亿元投资刺激计划。货币政策也出现了较大变化，中国人民银行先采取了较宽松的货币政策，2008 年下半年先后 4 次下调存款准备金率，并 5 次下调贷款基准利率。宽松的货币政策释放了大量的流动性，导致货币供给急剧增加，2009 年货币供给 M2 同比增长 28.5%①。之后，为避免发生系统性风险，人民银行的货币政策又转为收紧，从 2010 年 1 月到 2011 年 6 月上调存款准备金 12 次。财政政策和货币政策的"较大变动"引发了信贷、房地产价格等变量发生较大的波动。房地产价格增速由 2008 年第三季度的-5.2%上升至 2009 年第三季度的 21%②，信贷增速由 2008 年第三季度的-3.6%上升至 2009 年第三季度的 36%③。随后房地产价格和信贷增速又开始回落，房地产价格增速于 2011 年第四季度降至-3%，信贷增速于 2011 年第三季度降至-1%。信贷、房地产价格等变量的较大变动不仅引起金融波动，也引起经济波动，从而引发了金融加速器的放大效应。

5.4.2　黏性预期与金融加速器效应

黏性预期也是中国金融加速器效应呈现出区制性特征的原因之一。黏性预期理论的基本思想主要基于信息本身的不完备，认为经济人掌握的信息不足以进行理性预期，而且经济人分析信息的能力也不够，所以，当信息严重不足时，经济人无法调整预期，这时预期呈现黏性。但是当预期的信息集突然改变，如突然出现大的外部或内部冲击时，经济人可能大规模调整预期，这时预期又呈现突变性，而预期突变会带来经济的剧烈变化（李拉亚，1991）。在中国现经济发展阶段，因许多信息公布不全面、不及时，政策透明度还有待进一步提高，公众还具有较强的黏性预期。如公众对房价预期就有很强的黏性预期特征，认为房价还会持续涨下去。

当经济处于平稳期时，中国人民银行会采取"一如既往"的经济政策，经济人对房地产价格、股票等资产价格所作的预期变化不大，因之对经济系统的影响变化不大，导致金融因素对经济波动的放大作用也变化不大。经济处于剧烈波动期时，不确定因素增加导致经济人的预期突变，甚至出现金融恐慌，经济人对房地产价格、股票等资产价格所作的预期会大幅度偏离正常价格，严重影响经济系统，导致该时期的金融加速器效应放大，从而金融因素对经济波动的放大作用也变大。

---

① 数据来源于中国人民银行网站。
② 房地产价格由国家统计局网站公布的全国住宅销售额除以销售面积测算。
③ 数据来源于国际清算银行官网。

5.4.3 金融结构的变化

2008 年全球金融危机之后，中国金融市场发生了很大的变化。以商业银行信贷为主的金融结构变化和影子银行的发展对中国的金融加速器效应产生了影响。

一方面，直接融资占比不升反降。1991~2007 年，中国直接融资占比总体呈现上升态势，其中股票市场的发展起到了关键带动作用；2008 年后，受内外部多种因素影响，股票融资占比下降（易纲，2020）。这意味着金融危机后中国以银行信贷为主的间接融资金融结构，不仅没有改善，反而进一步加剧。这使商业银行在金融加速器中的作用凸显。在逐利行为的驱使下，商业银行往往有相似的偏好行为，形成很高的资产同质化比例（陈昆亭和周炎，2020），如 2009~2010 年的全年金融机构新增贷款中，有 40% 以上投向了房地产①。这样，一旦政府制定政策收紧银行对房地产的贷款，就会对房地产市场产生影响，进而对经济系统产生影响。

另一方面，影子银行快速发展。根据孙国锋和贾君怡（2018）对中国影子银行规模的测算结果，以美国次贷危机为分界线，影子银行规模在 2008 年 10 月之前较为平稳，在 5 万亿~7 万亿元徘徊，占银行创造货币总量的比重呈下降态势；2008 年 11 月之后逐渐增加，增速由慢变快，2014 年 5 月达到 29.63 万亿元，在货币总量中的比重上升至 21.76%。影子银行被认为是 2008 年金融危机的"罪魁祸首"之一②。影子银行主要通过两个层面影响中国的金融加速器效应。一是不断推高杠杆水平，较高杠杆率会放大金融作用力度，也放大金融风险，从而放大金融对经济的影响。2008 年之后，中国债务水平持续升高，影子银行发挥了"关键"作用③。二是助长了房地产价格的上升。如赵胜民和何玉洁（2018）指出，相比银行信贷，影子信贷对房价影响更迅速也更强烈。房地产价格和影子银行规模相互促进对金融稳定产生显著的不利影响（雷霖，2018）。影子银行通过影响房地产价格变动也会影响经济系统。

综上所述，中国金融加速器效应的区制特征与当前中国的经济发展现状密切

---

① 中国人民银行官网公布的 2009 年金融机构贷款投向报告。
②③ 中国银保监会（现为国家金融监督管理总局）2020 年 12 月发布的《中国影子银行报告》。

相关。从理论上来说，不确定性和黏性预期是中国金融加速器效应存在区制特征的原因。从经济现实来看，金融结构的变化同样导致了中国金融加速器效应的区制性。虽然以上几方面的因素对中国金融加速器效应的影响机制和影响力度不尽相同，但是从整个时间区间来看，这些因素都使剧烈波动期的金融加速器效应大于平稳期。

5.5　政策应对

不同时期金融加速器效应不同，为政府制定更有针对性的稳定经济和金融的政策提供了理论指导。

本章把金融周期测度引入金融加速器效应分析，可以通过金融周期波动和经济周期波动的变化数据作为反馈信号来制定修订政策，设计出更细致的、更有可操作性的和更为协调的政策方案。具体来说，有两个层面：

第一个层面是：可以根据金融周期和经济周期本身的走向和相互关系设计有区别的政策措施。李拉亚（2020）指出中国人民银行可把经济周期曲线和金融周期曲线放在同一张图上，依据经济系统和金融系统各自在图中曲线的位置，安排适合的货币政策和宏观审慎政策，对两大系统进行联合调控。他依据经济系统和金融系统在经济周期和金融周期的四种位置和趋势，设计了四种协调配合的联合调控规则。①如果经济系统和金融系统均趋近谷顶，同时收紧货币政策和宏观审慎政策。②如果经济系统和金融系统均趋近谷底，同时放松货币政策和宏观审慎政策。③经济系统趋近谷底，金融系统趋近谷顶，放松货币政策，启动宏观审慎政策的有选择贷款配给功能，将资金优先安排到经济系统。④经济系统趋近谷顶，金融系统趋近谷底，收紧货币政策，启动宏观审慎政策的有选择贷款配给功能，将资金优先安排到金融系统。这一调控规则对公众起导向作用，让公众知道下一步中国人民银行的政策方向。这一规则弹性较大，公众知道政策方向但不知道步子有多大，给中国人民银行决定政策力度留下相机决策空间。但也能在一定程度上引导公众预期，减少公众对中国人民银行政策制定的盲目感，从而减少公众对策的不确定性，有利于公众安排自己的经济活动。这一调控规则有利于货币政策和宏观审慎政策的协调配合形成合力，减少两大政策的摩擦与冲突，降低两大政策的成本，提高两大政策的效率。

第二个层面是：可利用不同时期金融加速器效应不同的研究结果在两个方面进一步改进这一调控规则，减少这一规则的弹性，增加这一规则的可预期性。一是在不同的区制采取不同的政策力度，并把这一点明确告诉公众，减少公众因政策较大变化带来的不确定性，以有利于稳定公众预期，从而稳定金融和经济，减小金融加速器效应的负面影响。二是应研制出类似图 5.1 和图 5.2 的经济周期和金融周期图，作为政策制定的坐标，时刻观测经济周期和金融周期的波动幅度。一旦金融周期出现剧烈波动，中央银行就需要加大宏观审慎政策力度，以稳定金融周期，从而减轻金融周期对经济周期的放大作用。同时，中央银行也要提高货币政策力度，防止金融剧烈波动对经济产生不利影响。一旦观察到金融周期和经济周期波动趋于平稳，中央银行就可以降低宏观审慎政策和货币政策的强度。

以上两个层面的政策设定一个层面是关注金融周期和经济周期本身的变化趋势，另一个层面是关注金融周期和经济周期的波动幅度，二者相辅相成，缺一不可。

依据不同时期金融加速器效应不同的分析，可以有针对性选用预期管理政策。一方面，中央银行通过"行为"进行预期管理，即通过各种公开市场操作工具，向外界传达货币政策渐进变化和维持不变的信号，从而影响市场预期；另一方面，中央银行通过"语言"形式进行预期管理，包括定期公布的货币政策报告和货币政策委员会会议决议、召开新闻发布会、发表关于未来货币政策取向以及定期的媒体采访（张成思和计兴辰，2019）。Ehrmann 等（2011）通过实证的方法证明了中央银行演讲和采访对金融市场回报率和减轻市场波动方面的影响较小，但其在金融危机发生时起到了实质性的作用。当经济处于平稳期时，中央银行可较多采用"行为"式的预期管理，但是当经济处于剧烈波动期时，中央银行可较多采用"语言"式的预期管理，尽力增加政策的透明度，降低政策的不确定性，增加政策的导向作用。

财政政策不仅影响经济系统，也影响金融系统，还会影响金融加速器效用。如土地财政政策对房地产市场发展和地方政府融资起到重要作用，从而对金融加速器效应也起到重要作用。故政府也要加强对财政政策的预期管理，减少财政政策的不确定性，从而减少财政政策对金融加速器效应的放大作用。国内对财政政策预期管理的研究较少，李拉亚（2016）从预期管理角度研究了逆周期调节税率问题。中国人民大学大宏观课题组（2018）指出中国在财政政策透明度方面低于全球平均水平，在前瞻性指引方面作用不足。中国在财政政策预期管理方面可以借鉴货币政策，除了对每一次的操作信息进行披露外，再进行及时解释和说明，比如召开新闻发布会、财政部部长公开讲话及定时决策层会议等。目前我国每个季度都有货币政策执行报告，但是没有财政政策执行报告。另外，提高对地方政府显性债务和隐性债务公布的透明度，以便公众形成合理的预期，减少公众预期的黏性和突变性。

5.6　本章小结

金融周期理论与金融加速器理论密切相关，本章借鉴金融周期理论的思想与方法研究了金融加速器效应。将金融周期概念和测度方法应用于金融加速器效应的研究，在测度金融周期与经济周期的基础上，通过构建马尔科夫区制转换向量自回归模型，对中国的金融加速器效应的区制特征进行了实证研究。结果表明，在经济的剧烈波动期和平稳期，中国的金融加速器效应是不同的。剧烈波动期内的金融加速器效应远强于平稳期，即与平稳期相比，当经济处于剧烈波动期时，金融周期对经济周期的放大作用更强。理论上来说，不确定性和黏性预期是中国金融加速器效应区制特征的重要原因。从经济现实来看，金融加速器效应的区制特征与中国经济发展现实密切相关，中国金融结构的变化导致剧烈波动期内的金融加速器效应大于平稳期。依据金融加速器效应的区制分析结果，本章也提出了通过金融周期波动和经济周期波动的变化数据作为反馈信号来制定修订政策的建议，主张有针对性地选用预期管理政策，强调加强对财政政策的预期管理，以减轻金融加速器效应对经济和金融的不利影响。

第6章　预期管理与金融周期

——基于消息冲击的 DSGE

　　新冠疫情给全球经济造成了巨大的冲击，各国相继推出了高强度的宏观经济政策，主要是宽松的货币政策和扩张性的财政政策，重视宏观经济的预期管理、稳定和引导市场预期。对于中国来说，"十四五"期间整体经济向好，然而金融与经济发展不平衡问题依然存在，宏观杠杆率依然处于高位，而根据金融周期理论，房地产价格和信贷的相互作用可能引起宏观经济的较大波动。在这种情况下，研究预期管理的货币政策对金融周期以及其他宏观经济变量的机制及作用，对于防范系统性金融风险，推动金融、房地产同实体经济均衡发展，具有重要的理论和现实意义。

6.1　预期管理和消息冲击的理论联系

　　消息冲击的概念来源于庇古（Pigou），Pigou（1927）认为对未来的预期是经济周期波动的主要来源，被称为"庇古周期"。预期被认为是引起宏观经济波动的重要因素之一，如 Beaudry（2006）考察了有关未来全要素生产率的预期如何影响经济周期的波动。后来，越来越多的文章量化了预期的货币政策对经济周期波动影响的重要性。Gomes（2017）指出，消息冲击能够捕捉中央银行发布的货币政策规则中被预期到的部分，他通过一个中等规模的 DSGE 模型定量评估了货币政策消息冲击对宏观经济波动的作用，并比较分析了不同时期预期的货币政策消息冲击和未预期的货币政策消息冲击的作用大小，得出：2009～2010 年，预期的货币政策消息冲击所起的作用大于未预期的货币政策消息冲击。Milani（2011）估计了一个带有货币政策预期冲击和未预期冲击的新凯恩斯模型，结果表明，预期的货币政策冲击对通货膨胀和经济波动的影响大于未预期的货币政策冲击。

国内关于消息冲击的研究还相对较少。王曦等（2016）在新凯恩斯 DSGE 的框架下，区分并探讨了预期与未预期的货币政策冲击对中国通货膨胀的作用，结果表明，中国货币政策预期冲击的效果远强于未预期冲击。吴化斌等（2011）在新凯恩斯 DSGE 框架下研究了中国财政政策消息冲击的影响。庄子罐等（2012）在生产率、特定投资技术以及政府支出中引入消息冲击，在新古典 DSGE 框架下考察了消息冲击对中国经济波动的作用。上述研究表明，国内研究关注的重点仍然是中国人民银行预期消息冲击在稳定通货膨胀和经济波动中的作用，未关注其对金融稳定的机制及作用。

以上关于消息冲击（News Shock）的研究为如何区分传统货币政策和预期管理的货币政策的研究提供了一个很好的思路，未预期的货币政策代表中国人民银行执行的是传统的货币政策工具，如突然的降准、公开市场操作等，公众对其完全不知，预期的货币政策表示中国人民银行执行的是预期管理的货币政策，如中国人民银行行长的公开讲话等，公众提前得知未来货币政策执行方向或力度。

货币政策预期管理与金融周期之间存在必然的逻辑联系。中国人民银行的货币政策预期管理可以让市场主体提前知晓未来的货币政策，从而影响家庭、企业当期的最优决策以应对未来的货币政策的变化，最终影响这些市场主体在金融市场的行为，尤其是在房地产市场和信贷市场的行为，进而对金融系统产生影响。金融系统与经济系统并不是独立的，正如金融周期理论指出，房地产与信贷的相互作用会放大经济周期波动。因此，如何稳定金融周期，降低房地产价格和信贷的波动，不仅关系到金融系统的稳定，也关系到经济系统的稳定。在这种情况下，研究货币政策预期管理对金融周期的作用及机制，对于中国人民银行通过预期管理防范系统性金融风险，并推动金融同实体经济更高水平的均衡发展，具有重要的理论价值和现实意义。

综上所述，本章对现有研究做出的边际贡献主要体现在以下几个方面：第一，研究了中国货币政策预期管理对金融周期的影响效应及其传导机制，金融稳定已经成为中国人民银行的主要政策目标，而预期管理则是中国人民银行在新发展阶段、新发展理念和新发展格局下的货币政策新工具，因此，本章探讨了这一新货币政策工具对中国金融周期的影响及其传导机制；第二，中国人民银行究竟采用常规货币政策工具稳定金融还是预期管理的货币政策稳定金融，或者哪一种稳定金融的效果更好，鲜有文献关注这一问题，所以本章在研究货币政策对金融变量的影响时，区分了传统的货币政策信息与预期管理的货币政策信息，这对于中国人民银行利用预期管理工具稳定金融实践具有指导意义；第三，在一个包含金融部门和房地产部门的 DSGE 模型中引入消息冲击的思想来刻画货币政策的预期管理政策，并用中国宏观经济与金融数据来估计市场主体预期的最优期限，重点考察传统货币政策和预期管理的货币政策对房地产价格和信贷的影响，这也是本章的边际贡献之一。

本章的结构安排如下：第一部分阐述消息冲击和预期管理的理论联系以及本章的边际贡献；第二部分和第三部分呈现包含金融部门和货币政策预期管理措施的 DSGE 模型，模型的参数校准和估计，以及中国市场主体对货币政策预期的最优期限的贝叶斯估计结果；第四部分则重点比较了传统的货币政策和预期管理的货币政策冲击对金融市场的影响及其差异，并分析了模型的关键参数以及不同的模型设定对上述影响的稳健性，此外，还进一步分析了货币政策的预期管理政策对实体经济的影响，以及社会福利的影响；第五部分针对研究结论，给出了相关的政策应对措施；第六部分则对本章进行总结。

6.2 引入预期管理的 DSGE 模型

模型的逻辑框架如图 6.1 所示。为了引进货币政策，模型中加入了货币当局部门。货币当局执行货币政策，为比较传统的货币政策和预期管理的货币政策对金融周期及整个经济系统的影响，借鉴消息冲击的方式在货币政策行为方程中纳入传统的货币政策冲击与预期管理的货币政策冲击。另外，为引进黏性价格定价机制，将商品部门分为企业家、最终产品厂商和零售商。企业家生产中间产品，零售商向企业家购买中间产品进行无成本的差异化生产，然后卖给最终品厂商，最终品厂商将差异化的产品打包成无差异的篮子产品。最终品厂商被假定为是完全竞争的，零售商是垄断竞争的，而且具有定价权。

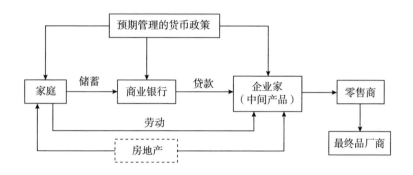

图 6.1　模型的逻辑框架

模型的构建类似于第 4 章，然而由于加入了通货膨胀、黏性价格以及货币当局等设置，除了家庭、企业家、商业银行的目标函数与第 4 章的设置完全一致以外，其他的设置都发生了变化，为使模型设定更具可读性，本章依然给出完整的模型设定。

（1）家庭。家庭的效用主要来源于消费、持有房地产和闲暇：

$$\max E_0 \sum_{t=0}^{\infty} \beta_H^t \left(\log C_{H,\,t} + j_t \log H_{H,\,t} - \tau \frac{N_{H,\,t}^{1+\varphi}}{1+\varphi} \right) \qquad (6.1)$$

其中，β_H 为家庭的主观贴现率，$\beta_H \varepsilon (0,\ 1)$；$\tau$ 为闲暇偏好参数；j_t 为住需求冲击，其满足 AR（1）过程：

$$j_t = (1-\rho_j)\bar{j} + \rho_j j_{t-1} + \varepsilon_{jt} \qquad (6.2)$$

其中，$\bar{j}$ 为 j_t 的稳态值；ρ_j 为冲击惯性参数；$\varepsilon_{j,\,t}$ 服从均值为 0、标准差为 σ_j 的正态分布。

家庭的预算约束：

$$C_{H,t}+D_t+q_t\left(H_{H,t}-H_{H,t-1}\right)=\frac{R_{H,t-1}}{\pi_{t-1}}D_{t-1}+W_{H,t}N_{H,t}+F_t \tag{6.3}$$

其中，D_t 为家庭储蓄，$R_{H,t}$ 为储蓄获得的实际回报率，q_t 为房地产的价格，$W_{H,t}$ 为工资率，房地产没有折旧，F_t 为来自零售商的红利，$\pi_t=\dfrac{P_t}{P_{t-1}}$ 为通货膨胀率。

通过求 $C_{H,t}$、D_t、$H_{H,t}$ 和 $N_{H,t}$ 的一阶条件可得：

$$\lambda_{H,t}=\frac{1}{C_{H,t}} \tag{6.4}$$

$$\frac{1}{C_{H,t}}=\beta_H E_t\left(\frac{1}{C_{H,t+1}}\frac{R_{H,t}}{\pi_t}\right) \tag{6.5}$$

$$\frac{q_t}{C_{H,t}}=\frac{j}{H_{H,t}}+\beta_H E_t\left(\frac{q_{t+1}}{C_{H,t+1}}\right) \tag{6.6}$$

$$\frac{W_{H,t}}{C_{H,t}}=\tau N_{H,t}^{\varphi} \tag{6.7}$$

其中，$\lambda_{H,t}$ 是家庭预算约束的拉格朗日乘子。

（2）商品部门。

1）企业家。企业家通过决策当前实际消费 $C_{E,t}$、房产持有 $H_{E,t}$ 和实际贷款量 $L_{E,t}$ 以最大化其终生效用：

$$\max E_0\sum_{t=0}^{\infty}\beta_E^t\log C_{E,t} \tag{6.8}$$

其中，E_0 为基于 $t=0$ 期的数学期望算子。β_E 为企业家的贴现率，此处假设企业家的折现率小于家庭，即 $\beta_E<\beta_H$。企业家投入技术、房地产以及由家庭部门提供的劳动进行同质的中间产品生产。生产函数为规模报酬不变的道格拉斯函数，具体形式如下：

$$Y_t^E=A_t H_{E,t-1}^v N_{H,t}^{1-v} \tag{6.9}$$

其中，Y_t^E 为中间品产出；$H_{E,t-1}$ 为企业家 $t-1$ 期期末持有且用于 t 期生产的房地产要素；$N_{H,t}$ 为 t 期从家庭部门雇佣的劳动力；v 为房地产的产出弹性。生产技术水平 A_t 服从 AR（1）过程：

$$A_t=\left(1-\rho_a\right)\overline{A}+\rho_a a_{t-1}+\varepsilon_{at} \tag{6.10}$$

其中，$\bar{A}$ 为 A_t 的稳态值；ρ_a 为冲击惯性参数；ε_{at} 服从均值为 0、标准差为 σ_a 的正态分布。

企业家每期面临消费、房地产投资及实际贷款的选择，并受如下资金流约束：

$$C_{E,t}+q_t(H_{E,t}-H_{E,t-1})+\frac{R_{E,t}}{\pi_t}L_{E,t-1}+W_{H,t}N_{H,t}=\frac{1}{X_t}Y_t^E+L_{E,t} \tag{6.11}$$

其中，$X_t=\dfrac{P_t}{P_t^E}$，P_t^E 为企业家向零售商出售中间产品的批发价格，P_t 为最终品的价格指数。$H_{E,t}$ 为企业购买的房地产数量，$t-1$ 期买入，t 期卖出；$L_{E,t}$ 为企业向银行的借款，借款利率为 $R_{E,t}$。

模型通过引入企业抵押约束捕捉金融因素放大经济周期波动的机制，即企业以房地产作为抵押向商业银行贷款，企业能够得到的贷款受到房地产价格的约束，当房地产价格上升时，企业贷款增加，从而企业产出增加。借鉴 Kiyotaki 和 Moore（1997）的研究成果，假设企业家能够得到的借款小于或等于预期实际房地产价值的 m_H 比例，$m_H \in (0,1)$，并假设工资预付，预付比例为 m_N，$m_N \in (0,1)$。因此，企业家面临的抵押约束方程为：

$$L_{E,t}\leqslant m_H E_t\left(\frac{q_{t+1}\pi_{t+1}}{R_{E,t+1}}H_{E,t}\right)-m_N W_{H,t}N_{H,t} \tag{6.12}$$

企业家通过选择消费 $C_{E,t}$、贷款 $L_{E,t}$、房地产 $H_{E,t}$ 和劳动 $N_{H,t}$ 达到目标函数的最大化，从而得出一阶条件：

$$\mu_{E,t}=\frac{1}{C_{E,t}} \tag{6.13}$$

$$(1-\lambda_{E,t})\frac{1}{C_{E,t}}=\beta_E E_t\left(\frac{R_{E,t+1}}{\pi_{t+1}}\frac{1}{C_{E,t+1}}\right) \tag{6.14}$$

$$\left[q_t-\lambda_{E,t}m_H E_t\left(\frac{q_{t+1}\pi_{t+1}}{R_{E,t+1}}\right)\right]\frac{1}{C_{E,t}}=\beta_E E_t\left[\left(q_{t+1}+\frac{1}{X_{t+1}}\frac{\nu Y_{t+1}^E}{H_{E,t}}\right)\frac{1}{C_{E,t+1}}\right] \tag{6.15}$$

$$W_{H,t}N_{H,t}=\frac{(1-\nu)Y_t^E\frac{1}{X_t}}{1+\lambda_{E,t}m_N} \tag{6.16}$$

其中，$\mu_{E,t}$ 为企业预算约束的拉格朗日乘子，$\lambda_{E,t}$ 为企业借款约束条件的拉格朗日乘子，此外，与第 4 章做法相同，在求对应的拉格朗日方程一阶条件时，利用企业家消费的边际效用 $C_{E,t}$ 对 $\mu_{E,t}$ 和 $\lambda_{E,t}$ 进行了标准化处理。

2）零售商。本书设定与 Bernanke 等（1999）的方法一致，连续统的零售商 $z \in [0, 1]$ 以价格 P_t^E 购买企业家生产的中间产品 Y_t^E 并进行无成本的差异化生产，因此 $Y_t(z) = Y_t^E$。零售品市场具有垄断竞争性质，并且具有定价权。进一步，最终产品生产商将价格水平为 $P_t(z)$ 的差异化零售品 $Y_t(z)$ 打包成无差异的篮子产品，具体的生产函数为：

$$Y_t = \left(\int_0^1 Y_t(z)^{\frac{\epsilon-1}{\epsilon}} \, \mathrm{d}z \right)^{\frac{\epsilon}{\epsilon-1}} \tag{6.17}$$

其中，Y_t 表示最终产品，ϵ 表示零售品替代弹性。在上述生产函数的约束下，通过求解利润最大化问题可获得零售产品的需求函数和最终品的价格指数式如下：

$$Y_t(z) = \left(\frac{P_t(z)}{P_t} \right)^{-\epsilon} Y_t \tag{6.18}$$

$$P_t^{1-\epsilon} = \int_0^1 P_t(z)^{1-\epsilon} \mathrm{d}z \tag{6.19}$$

零售商以 Calvo 的方式调整其价格 $P_t(z)$，每一期以概率 $1-\theta$ 调整其价格。其最优化问题为：

$$\max_{P_t(z)} E_t \sum_{k=0}^{\infty} \theta^k \left\{ \Lambda_{t, t+k} \left[\frac{P_t(z)}{P_{t+k}} Y_{t+k}(z) - \frac{1}{X_{t+k}} Y_{t+k}(z) \right] \right\} \tag{6.20}$$

其中，$\Lambda_{t,t+k}$ 为随机贴现因子，$\Lambda_{t,t+k} = \beta_H^k \dfrac{C_{H,t}}{C_{H,t+k}}$。

最优价格 $P_t^*(z)$ 满足：

$$P_t^*(z) = \frac{\varepsilon}{\varepsilon-1} \frac{\theta^k \Lambda_{t,t+k} P_{t+k}^{\varepsilon} X_{t+k}^{-1} Y_{t+k}}{\theta^k \Lambda_{t,t+k} P_{t+k}^{\varepsilon-1} Y_{t+k}} \tag{6.21}$$

从而价格变动满足：

$$P_t^{1-\varepsilon} = (1-\theta)(P_t^*)^{1-\varepsilon} + \theta P_{t-1}^{1-\varepsilon} \tag{6.22}$$

（3）商业银行。商业银行的目标函数如下：

$$\max E_0 \sum_{t=0}^{\infty} \beta_B^t \log C_{B, t} \tag{6.23}$$

其中，$C_{B,t}$ 为商业银行家的消费，β_B 为其贴现因子，且满足 $\beta_B < \beta_H$，商业银

行面临的预算约束为：

$$C_{B,t} + \frac{R_{H,t-1}}{\pi_t} D_{t-1} + L_{E,t} = D_t + \frac{R_{E,t}}{\pi_t} L_{E,t-1} \qquad (6.24)$$

式（6.24）等号左边为商业银行的支出，等号右边为银行的收入。

除此以外，商业银行还面临资本约束，与企业抵押约束类似，引入资本约束是为了捕捉商业银行资本变化放大经济周期波动的机制。具体公式如下：

$$D_t \leqslant \gamma_E L_{E,t} \qquad (6.25)$$

银行通过选择 D_t 和贷款 $L_{E,t}$，达到目标函数的最大化，$\lambda_{B,t}$ 和 $\mu_{B,t}$ 为银行资本约束和预算约束的拉格朗日乘子，求解一阶条件：

$$\mu_{B,t} = \frac{1}{C_{B,t}} \qquad (6.26)$$

$$\frac{1}{C_{B,t}}(1 - \lambda_{B,t}) = \beta_B E_t \left(\frac{R_{H,t}}{\pi_{t+1}} \frac{1}{C_{B,t+1}} \right) \qquad (6.27)$$

$$\frac{1}{C_{B,t}}(1 - \gamma_e \lambda_{B,t}) = \beta_B E_t \left(\frac{R_{E,t+1}}{\pi_{t+1}} \frac{1}{C_{B,t+1}} \right) \qquad (6.28)$$

（4）加总条件和生产出清条件。

$$Y_t = C_{H,t} + C_{B,t} + C_{E,t} \qquad (6.29)$$

$$H_{E,t} + H_{H,t} = 1 \qquad (6.30)$$

（5）货币当局。

假设中国人民银行的货币政策调控遵循如下规则：

$$\frac{R_t}{R} = \left(\frac{R_{t-1}}{R} \right)^{\rho_R} \left[\left(\frac{\pi_t}{\pi} \right)^{\varphi_\pi} \left(\frac{Y_t}{Y} \right)^{\varphi_y} \right]^{1-\rho_R} mp_t \qquad (6.31)$$

其中，R 和 π 分别为稳态时的名义短期利率和通货膨胀率的稳态；Y 为稳态时的产出；ρ_R 为货币政策惯性；φ_π 为货币当局对于通胀的反应系数；φ_y 为货币当局对产出缺口的反应系数；mp_t 为货币政策冲击，是本书的关键考察点，其设定参照 Milani（2011）：

$$\ln(mp_t) - \ln(mp) = \rho_{mp} \left[\ln(mp_{t-1}) - \ln(mp) \right] + \eta_t^{mp} \qquad (6.32)$$

$$\eta_t^{mp} = \varepsilon_t^{mp,0} + \varepsilon_{t-1}^{mp,1} + \cdots + \varepsilon_{t-H}^{mp,H} \qquad (6.33)$$

其中，ρ_{mp} 为自回归系数，η_t^{mp} 为当期新的冲击；$\varepsilon_{t-h}^{mp,h}$（$h = 0, \cdots, H$）为从

$t-h$ 期看，h 期以后变量 mp_t 中可预期的部分，即经济行为人在 $t-h$ 时期已经获得的在未来时期 t 才实现的货币政策信息，它属于经济行为人第 $t-h$ 期的信息集，但只在第 t 期才会对变量 mp_t 的水平产生实际的影响。$\varepsilon_{t-h}^{mp,h}$（$h=0$，$\cdots$，H）为独立的基础白噪声，即 $\varepsilon_{t-h}^{mp,h} \sim$ i. i. d$(0, \sigma_{mp,h}^2)$、$E_t \varepsilon_t^{mp,k} \varepsilon_{t-m}^{mp,h}$（$h$，$k=1$，$\cdots$，$H$；$m>0$）且 $E\varepsilon_t^{mp,h}=0$（$\forall h \neq k$）。这些假设表明，η_t^{mp} 的非条件期望为零，而且是序列不相关的。

注意到，当 $h=0$ 时，$\varepsilon_t^{mp,0}$ 代表在 t 期才被经济主体所掌握的消息，因此它实际上是 t 期之前未预料到的本期新发生的货币政策的外生冲击，这些消息主要来源于中国人民银行的传统货币政策，如突然的降准、公开市场操作等；而 $\varepsilon_{t-h}^{mp,h}$（$h=1$，$\cdots$，H）代表有关货币政策未来变化的消息，这些消息多数来源于预期管理的货币政策，是在 t 期之前就已经被预期到的，如中国人民银行行长讲话、货币政策委员会发布的对未来货币政策走向的决议等。因此，η_t^{mp} 包含两部分：传统的货币政策冲击 $\varepsilon_t^{mp,0}$ 和预期管理的货币政策冲击 $\varepsilon_{t-h}^{mp,h}$（$h=1$，$\cdots$，H）。

6.3 参数估计和最优消息期限选择

6.3.1 参数校准

与第 4 章做法类似，对于模型中影响内生变量稳态关系的行为参数，如 β_H、β_E、β_B、ν、m_H、γ_E、m_N、θ、ε，根据相关文献采取传统的校准方法对其进行设定；对于刻画内生变量间动态关系的结构性参数，如 τ、φ、φ_π、φ_y、ρ_j、ρ_a、ρ_R、ρ_{mp} 以及结构冲击的标准差，这类参数的值是不确定的，我们采用贝叶斯方法对这些参数进行估计。本章部分参数如 β_H、β_E、β_B、ν、m_N、m_H、γ_E 的校准值与第 4 章相同。此外，设置零售商的价格黏性参数 θ 为 0.75，表示每 4 个季度调整一次价格，将零售品的替代弹性 ε 设定为 11，这与孟先春等（2019）的设定一致。

6.3.2 预期期限选择和贝叶斯估计

由前述可知，货币政策冲击分为两部分：传统的货币政策冲击和预期管理的货币政策冲击，因此需要检验提前几期的预期管理货币政策才能够更好地拟合数据。也就是说，需要判断 $\varepsilon_{t-h}^{mp,h}$ 中的 h 等于几，对应于公众提前几期得知预期管理的货币政策。

由于模型实证结果对不同的 h 取值十分敏感，所以本章采用穷举法来解决这个问题，即对于所有可能的 h 取值，分别进行贝叶斯估计；然后比较不同 h 取值的实证结果，根据边际数据密度最大化的标准来选择最优的模型。

现在考虑各种可能的 h 取值。设置最大的期限 h 等于 12，因为人们最多有 3 年的记忆。对应于每个 h 取值，给出参数的先验分布，分别进行贝叶斯估计，计算模型的边际数据密度。本书不仅考虑了单个预期期限，还考虑了复合预期期限。表 6.1 的第 2 列和第 4 列一共给出了 24 种期限组合情况。由表 6.1 的贝叶斯估计结果可知，当消息期限 $h=1$ 时边际数据密度最大时，说明此时的模型是最优的。故定义 $h=1$ 时的模型为基准模型，表示中国人民银行执行的是提前 1 个季度的预期管理货币政策。

表 6.1 消息期限选择 （2001~2020 年）

预期期限	边际数据密度	复合预期期限	边际数据密度
$h=0$	350.452	$h=1,4$	367.899
$h=1$	369.272	$h=4,8$	319.378
$h=2$	367.814	$h=4,8,12$	307.873
$h=3$	342.474	$h=1,4,8$	366.908
$h=4$	355.957	$h=1,2$	366.912
$h=5$	360.5	$h=1,2,3$	356.351
$h=6$	351.199	$h=1,\cdots,4$	358.472
$h=7$	343.627	$h=1,\cdots,5$	362.426
$h=8$	326.101	$h=1,\cdots,6$	361.895
$h=9$	315.950	$h=1,\cdots,7$	358.819

续表

预期期限	边际数据密度	复合预期期限	边际数据密度
$h=10$	316.780	$h=1$，…，8	354.955
$h=11$	317.130		
$h=12$	317.103		

接下来，根据现有文献确定参数的先验分布：①由于货币政策对通货膨胀的反应系数必须大于 1 才能起到降低通货膨胀的作用，因此设定 φ_π 的先验均值为 2，服从标准差为 0.01 的 Gamma 分布；根据王立勇等（2012）及侯成琪和龚六堂（2014）的研究，设定 φ_y 的先验均值为 0.17，服从标准差为 0.01 的 Gamma 分布；②根据高然和龚六堂（2017）的研究，设定劳动供给偏好系数 τ 的先验均值为 1，并服从标准差为 0.01 的 Gamma 分布，设定劳动的跨期供给弹性倒数 φ 的先验均值为 0.5，并服从标准差为 0.01 的 Gamma 分布；③根据张成思和党超（2017）最新经验研究结果，中国价格型货币政策的平滑系数处于 0.64~0.80 区间，因此设定货币政策惯性系数 ρ_R 的先验均值为 0.6，服从标准差为 0.01 的 Beta 分布；④设定货币政策冲击自回归系数 ρ_{mp} 的先验均值为 0.9，服从标准差为 0.01 的 Beta 分布；⑤设定其他各个冲击的自回归系数的先验均值为 0.9，服从标准差为 0.01 的 Beta 分布；⑥设定各个冲击的标准差先验均值为 0.1，均服从标准差为 0.01 的逆 Gamma 分布。另外，本章贝叶斯估计所用的数据来源及处理同第 4 章。

贝叶斯估计和最优模型选择是同步进行的。具体各个估计系数的先验分布和后验分布如表 6.2 所示，结果显示结构参数的后验分布均值与先验均值较为接近，在一定程度上说明本章设定的先验信息比较合理。

表6.2　参数估计结果

参数说明	参数	先验分布		后验分布	
		先验均值	先验密度函数	后验均值	90%置信区间
劳动供给偏好系数	τ	1	Gamma 分布	1.0621	[1.0451, 1.0791]
劳动的跨期供给弹性倒数	φ	0.5	Gamma 分布	0.5771	[0.5417, 0.6124]

续表

参数说明	参数	先验分布		后验分布	
		先验均值	先验密度函数	后验均值	90%置信区间
货币政策通胀反应系数	φ_π	2	Gamma 分布	2.0977	[2.0726, 2.1221]
货币政策产出反应系数	φ_y	0.17	Gamma 分布	0.0492	[0.0395, 0.0608]
房地产偏好冲击自回归系数	ρ_j	0.9	Beta 分布	0.8987	[0.8814, 0.9085]
技术冲击自回归系数	ρ_a	0.9	Beta 分布	0.9839	[0.9756, 0.9910]
货币政策惯性系数	ρ_R	0.9	Beta 分布	0.4688	[0.4587, 0.4782]
货币政策冲击自回归系数	ρ_{mp}	0.9	Beta 分布	0.9693	[0.9488, 0.9901]
房地产需求冲击标准差	σ_j	0.1	逆 Gamma 分布	0.1192	[0.1126, 0.1251]
技术冲击标准差	σ_a	0.1	逆 Gamma 分布	0.1275	[0.1130, 0.1419]
传统货币政策的冲击标准差	σ_{mp}	0.1	逆 Gamma 分布	0.1077	[0.1066, 0.1089]
预期管理货币政策的冲击标准差	$\sigma_{mp,h=1}$	0.1	逆 Gamma 分布	0.1111	[0.1086, 0.1136]

6.4　模型模拟结果分析

按照前文所述，描述金融周期的主要变量是信贷和房地产价格。稳定金融周期主要有两个层面的含义：第一个层面是降低房地产价格和信贷的波动，第二个层面是降低由于信贷和房地产价格相互作用而导致的经济周期波动。所以，本章主要比较传统的货币政策和预期管理的货币政策在降低信贷和房地产价格波动方面的作用。下面分别给出传统的货币政策冲击和预期管理的货币政策冲击对房地产价格和信贷的脉冲响应函数。

6.4.1　传统货币政策与预期管理货币政策对房地产价格和信贷的影响

图 6.2 刻画了在正的传统的货币政策和预期管理的货币政策冲击下，房地产

价格的脉冲响应函数。可以看出，在1单位紧缩货币政策冲击的作用下，房地产价格迅速下滑。其中，传统的货币政策冲击在第一个季度导致房地产价格降低1.9个单位，然后逐步回升。预期管理的货币政策冲击在第一个季度导致房地产价格降低0.85个单位，作用效果小于未预期到的货币政策冲击，然后房地产价格的下降幅度在第二个季度达到最大，为1.2个单位。从第三个季度开始，二者的作用逐步减小直至货币政策效果完全消失。

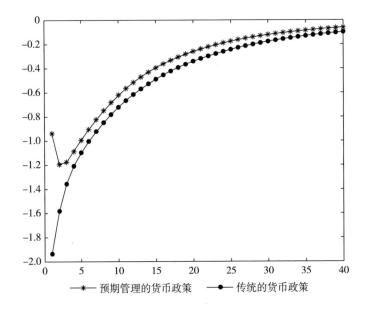

图6.2　房地产价格的脉冲响应函数

图6.3刻画了在正的传统货币政策与预期管理货币政策的冲击下，信贷的脉冲响应结果。可以看出，在1单位紧缩货币政策的作用下，信贷下降。其中，传统货币政策冲击的作用在第二个季度达到最大，每1单位的利率上升导致信贷下降1.1个单位。预期管理的货币政策冲击的作用在第二个季度达到最大，每1单位利率的上升导致信贷下降0.8个单位。可见，传统的货币政策导致信贷的下降作用效果更大。

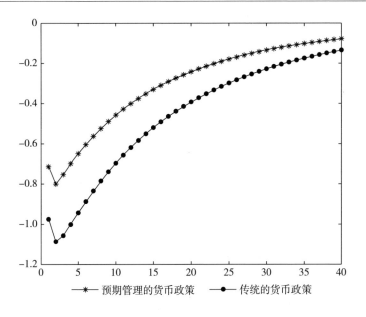

图 6.3　信贷的脉冲响应函数

上述研究结果表明，当房地产价格和信贷增速较快时，传统的货币政策和预期管理的货币政策均可以降低房地产价格和信贷，但是传统的货币政策对房地产价格信贷的下降作用更大。这表明二者在稳定金融周期方面均有一定的作为，但是当中国人民银行采用传统货币政策导致房地产价格和信贷下降幅度较大时，由于金融加速器的作用，可能使经济周期剧烈波动。所以在当前金融系统对经济系统的影响越来越大的情况下，如果采用预期管理的货币政策，不仅能够稳定金融变量的波动，还可以避免由于金融加速器作用所导致的经济周期的剧烈波动。所以从这个意义上看，预期管理的货币政策好于传统的货币政策。

6.4.2　稳健性检验

为了确保实证结果的稳健性，本章依次进行以下两种稳健性检验：①考虑不同的参数环境；②模型拓展，将资本纳入模型；

（1）不同参数环境下的模型结果。为了考察本书实证结果对不同参数环境的敏感性，对部分参数进行了调整（见表 6.3）。

表 6.3 稳健性检验结果

情形	检验参数	本书取值	替换值
1	m_H	0.7	0.9
2	γ_E	0.9	0.85

情形 1，改变 m_H 的参数，由 0.7 变为 0.9。m_H 代表企业面临的贷款约束，即房地产用于抵押的比例，m_H 变大表示企业比之前更容易获得贷款。图 6.4 显示，在 1 单位紧缩性的货币政策冲击下，预期管理的货币政策冲击对房地产价格的下降作用在第 2 期达到最大，为 3.9 个单位。传统的货币政策冲击对房地产价格的下降作用在第 2 期达到最大，为 5.2 个单位，作用效果大于预期管理的货币政策。图 6.5 显示，当 m_H 变大后，传统的货币政策冲击对信贷的下降作用效果仍然大于预期管理的货币政策冲击，以上结论与该参数 m_H 改变之前基本一致。

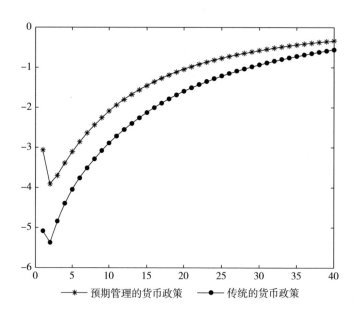

图 6.4 情形 1：房地产价格

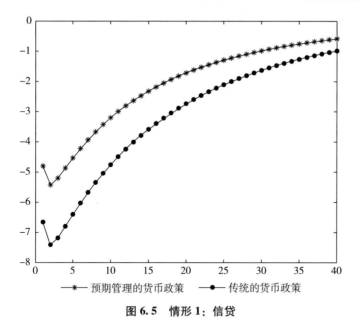

图 6.5　情形 1：信贷

情形 2，改变 γ_E 的取值，由 0.9 变为 0.85，代表商业银行面临的资本充足率要求变高，这意味着同样的资本所能支撑的贷款供给减少，从而使商业银行资本约束带来的金融摩擦对经济波动的放大作用变得更大。图 6.6 显示，在 1 单位

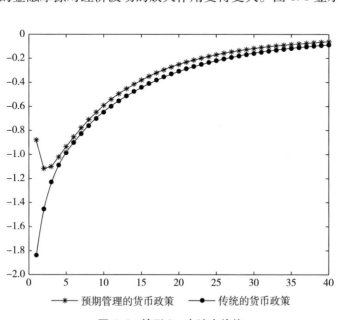

图 6.6　情形 2：房地产价格

紧缩的货币政策冲击下，预期管理的货币政策冲击导致房地产价格第 1 期下降
0.6 个单位，第 2 期下降作用达到最大，为 1.1 个单位，之后房地产价格逐步回
升直至货币政策效果完全消失。而传统的货币政策冲击导致房地产价格在第 1 期
下降作用达到最大，为 1.8 个单位，之后逐步回升直至货币政策效果完全消失。
图 6.7 显示，在 1 单位紧缩的货币政策冲击下，传统的货币政策对信贷的影响均
大于预期管理的货币政策。以上结论均与参数 γ_E 改变之前基本一致。

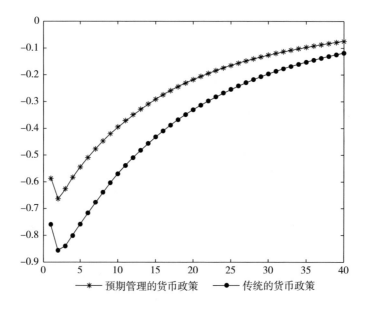

图 6.7　情形 2：信贷

（2）模型拓展。为进一步检验模型的稳健性，考虑将资本纳入模型，即企
业家生产中间产品时，不仅投入技术、劳动和房地产进行生产，还投入资本，具
体的生产函数形式为：

$$Y_t^E = A_t K_{t-1}^{\alpha} H_{E,t-1}^{\upsilon} N_{H,t}^{1-\upsilon-\alpha} \tag{6.34}$$

其中，K_{t-1} 为企业家在 $t-1$ 期末持有且用于 t 期生产的资本品。资本遵循如
下动态累积方程：

$$K_t = (1-\delta) K_{t-1} + \left[1 - \frac{\Omega}{2} \left(\frac{I_t}{I_{t-1}} - 1 \right)^2 \right] I_t \tag{6.35}$$

其中，δ 和 Ω 分别为资本折旧率和投资调整成本参数。

这时，企业家的预算约束变为：

$$C_{E,t}+q_t(H_{E,t}-H_{E,t-1})+\frac{R_{E,t}}{\pi_t}L_{E,t-1}+W_{H,t}N_{H,t}+I_t+ac_{EE,t}=\frac{1}{X_t}Y_t^E+L_{E,t} \tag{6.36}$$

加入资本后，通过求解企业家达到目标函数最大化的拉格朗日方程，得到的一阶条件比原模型增加了 2 个，即关于资本 K_t 和投资 I_t 的一阶条件方程：

$$\lambda_{I,t}=\beta_E\left[\frac{C_{E,t}}{C_{E,t+1}}\frac{1}{X_{t+1}}\alpha\frac{Y_{t+1}^E}{K_t}+\lambda_{I,t+1}\frac{C_{E,t}}{C_{E,t+1}}(1-\delta)\right]-$$

$$\mu_{E,t}+\frac{\lambda_{I,t}}{C_{E,t}}\left[1-\frac{\Omega}{2}\left(\frac{I_t}{I_{t-1}}-1\right)^2-\Omega\left(\frac{I_t}{I_{t-1}}-1\right)\frac{I_t}{I_{t-1}}\right]+ \tag{6.37}$$

$$\beta_E\lambda_{I,t+1}\frac{C_{E,t}}{C_{E,t+1}}\Omega\left(\frac{I_{t+1}}{I_t}\right)^2\left(\frac{I_{t+1}}{I_t}-1\right)=0 \tag{6.38}$$

模型的其余部分与基准模型一致，图 6.8 和图 6.9 给出拓展模型中传统的货币政策和预期管理的货币政策对信贷和房地产价格影响的脉冲响应图。从图 6.8 和图 6.9 可以看出，在一个紧缩的货币政策冲击下，传统的货币政策冲击对房地产价格和信贷的下降作用依然大于预期管理的货币政策，结论与基准模型一致。

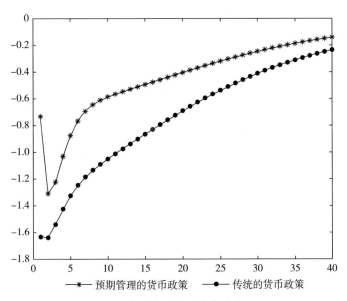

图 6.8　房地产价格的脉冲响应函数

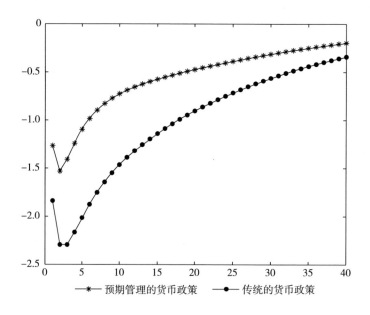

图 6.9 信贷的脉冲响应函数

6.4.3 传统货币政策与预期管理货币政策对其他宏观经济变量的作用

图 6.10 给出了传统的货币政策和预期管理的货币政策冲击对其他经济变量影响的脉冲响应函数。可以看出，在紧缩性的传统货币政策和预期管理的货币政策冲击下，产出、投资、消费和通货膨胀率均下降。其中，预期管理的货币政策引起产出、投资和消费的下降幅度小于传统的货币政策，而预期管理的货币政策引起通货膨胀率的下降幅度大于传统的货币政策，后者的结论与王曦等（2016）和 Milani（2012）的研究结论一致，即预期管理的货币政策在稳定价格方面效果更好。这表明，中国人民银行如果采用沟通等预期管理的货币政策稳定通货膨胀，不仅可以达到更好的效果，而且对产出、消费和投资等实际经济变量的负向影响作用更小。

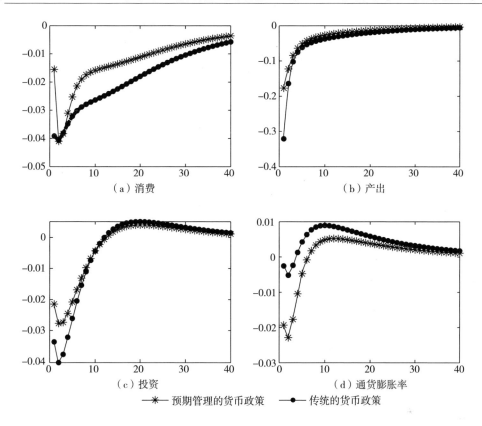

图 6.10   传统的货币政策和预期管理的货币政策对其他经济变量的影响

6.4.4   福利分析

上文已经通过模型求解和脉冲响应分析，分别对传统的货币政策和预期管理的货币政策对金融稳定的效果进行了理论阐释与识别，得出结论：预期管理的货币政策在稳定金融周期方面优于传统的货币政策。然而，本书更关心在稳定金融周期的同时，预期管理的货币政策是否比传统的货币政策造成了更大的社会福利损失？为此，下面在本章模型的框架约束下，比较传统的货币政策和预期管理的货币政策带来的社会福利损失。这里主要用在家庭效用的基础上定义的社会福利水平作为社会福利损失的衡量标准：

$$W_{0,t} \equiv E_0 \Big[\sum_{t=0}^{\infty} \beta_H^t U(C_{H,t}, H_{H,t} N_{H,t}) \Big] \tag{6.39}$$

我们分别测算了传统的货币政策和 h 等于 $1\sim4$ 期的预期管理货币政策的福利水平。从表6.4可以看出，预期管理货币政策的福利损失小于传统货币政策的福利损失，也就是说，预期管理的货币政策使整个社会的福利损失变小，而且，提前1个季度的预期管理货币政策的社会福利损失最小。

表 6.4　福利分析

货币政策冲击	$W_{0,t}$
传统货币政策冲击	−147.6488
预期管理的货币政策冲击［news（−1）］	−146.1099
预期管理的货币政策冲击［news（−2）］	−146.1102
预期管理的货币政策冲击［news（−3）］	−146.1103
预期管理的货币政策冲击［news（−4）］	−146.1104

注：$W_{0,t}$ 为稳态基础上计算的条件期望值，表示福利水平的高低，负值表示福利损失，正值表示福利改善。

6.5　政策应对

在当前中国房地产价格居高不下、宏观杠杆率（信贷与 GDP 比值）持续攀升的状态下，如果中国人民银行采取突然袭击的货币政策，比如突然执行紧缩性的货币政策，公众对此完全没有预期。一方面，可能导致房地产市场和信贷的剧烈波动，引起金融系统的恐慌；另一方面，金融市场的剧烈波动会通过金融加速器效应传导至实体经济，造成实体经济的剧烈波动。而如果中国人民银行采取预期管理的货币政策，比如公众提前知晓货币政策即将收紧，则不仅可以达到稳定金融系统的效果，还可以减轻金融因素对经济周期波动的放大作用，从而避免经济周期出现剧烈的波动。

在2008年全球金融危机之后，货币政策的目标不仅包括价格稳定，还包括金融稳定。从本章研究结论得知，预期管理的货币政策在稳定通货膨胀方面的效果好于传统的货币政策。如果中国人民银行通过沟通等预期管理方式传达货币政策的执行方向和力度，不仅可以避免金融系统的剧烈波动，还可以达到更好的稳定价格的目标。

对于中国来说，中国人民银行正式提出"预期管理"的概念较晚，鉴于中国货币政策的多目标性质，在利用货币政策调控经济时，不能仅盯住经济系统或者金融系统，还应该关注经济系统和金融系统的相互关系。在金融系统方面编制类似于房地产价格周期、信贷周期的指数，在经济系统方面编制经济周期的指数，及时掌握这些指数的走向及其相互关系。中国人民银行应对房地产价格周期、信贷周期以及经济周期的走向进行预判，通过预期管理向公众传达中国人民银行的意图，以达到经济系统和金融系统的稳定。比如上述周期指数同时达到峰顶时，中国人民银行应避免采用"紧急刹车"式的货币政策，以免造成因房地产价格和信贷的急剧下降而引发经济周期剧烈波动；而当上述周期指数同时到达谷底时，也要避免采用"突然加速"的货币政策，比如 2008 年全球金融危机发生后，为配合 4 万亿元刺激计划，2009 年 M2 增速高达 28%，造成了房地产价格和信贷的剧烈波动。

中国人民银行使用预期管理稳定金融周期依赖于公众的理性预期。尽管近些年中国人民银行更加重视预期管理，其主要通过"行为"的方式与公众进行沟通。具体来说，中国人民银行主要采用公开市场操作如逆回购、常备借贷工具（SLF）、中期借贷工具（MLF）等创新型工具进行货币政策的预调微调，然而其决策过程和目的却鲜有公布。在"语言"方面的沟通较少而且含混不清，如中国人民银行每季度定期公布货币政策委员会会议内容，宣称稳健中性、灵活适度的货币政策，却没有说明究竟什么是稳健中性、灵活适度，以什么指标作为标准。中国人民银行在信息沟通频率和信息清晰程度方面确实与发达国家中国人民银行的政策实践存在一定差距（张成思和计兴辰，2019），这导致公众无法百分之百地预测中国人民银行传达的信息或者错误解读信息。所以中国人民银行应尽力提高决策依据、决策过程以及决策结果的透明度，比如公开中国人民银行在政策分析时所使用或参考的理论模型、货币政策调控参照的经济指标以及对未来的经济预测，引导公众预期，减少公众对中国人民银行政策制定的盲目感，进而减少公众对政策的不确定性，从而达到稳定金融系统和经济系统的目的。

在当前金融与经济发展不平衡，尤其是金融因素对经济周期波动影响越来越大的情况下，单纯依靠传统的货币政策工具还不足以带来经济系统和金融系统的稳定。中国人民银行提出了货币政策与宏观审慎政策的双支柱框架，前者稳定经济系统，后者稳定金融系统，李拉亚（2020）详细论述了二者在稳定金融系统和经济系统方面如何相互配合。由本章结论进行推演，不仅可以采用预期管理的货币政策稳定金融系统，还可以采用宏观审慎政策的预期管理稳定金融系统，比如类似于泰勒规则，给出根据房地产价格增长速度的贷款价值比调整准则，进一步可以将货币政策的预期管理和宏观审慎政策的预期管理纳入双支柱框架。

6.6 本章小结

本章借鉴消息冲击的思想将预期管理的货币政策纳入一个包含金融放大经济周期波动机制的 DSGE 模型中，刻画和分析了传统货币政策和预期管理的货币政策在稳定金融周期方面的作用。通过对模型的贝叶斯估计得出结论：传统的货币政策和预期管理的货币政策均可以降低金融变量的波动，但是预期管理的货币政策在稳定金融周期方面的效果优于传统的货币政策。通过福利分析得出结论：预期管理的货币政策带来的社会福利损失更小。

第7章 数量型与价格型货币政策对金融周期影响的对比分析

金融周期已成为影响经济周期波动的重要因素，那么如何应对金融周期就成为宏观调控的重要任务。传统货币政策的目标仅是维持价格稳定和经济稳定。2008 年全球金融危机之后，很多经济学家提出货币政策不仅应该关注经济稳定，也应该兼顾金融稳定（Woodford，2012；孙国峰，2017）。但是大多数文献在研究货币政策对金融周期的稳定作用时，都只研究短期利率对金融周期的影响，这主要是借鉴西方的研究范式，因为西方国家如美国货币政策目标比较单一。然而对于中国来说，货币政策承担着多种角色与任务，包括经济增长、就业、通货膨胀、经济结构和金融稳定等多重政策目标（Marlene et al.，2020）。当前，中国正处于从数量型货币政策到价格型货币政策的转型过程中，那么如何正确评估两类货币政策工具在稳定金融周期方面的效果就成为重要的研究话题。本章在梳理中国货币政策转型背景的基础上，通过构建包括数量型货币政策、价格型货币政策、金融周期以及经济周期的结构向量自回归模型（SVAR），比较分析两类货币政策工具对金融周期的影响。

7.1 中国货币政策转型的历史背景

中国货币政策的转型主要经历了三个阶段。

第一个阶段是 1978~1997 年，属于数量型货币政策阶段。这一时期，中国人民银行制定了银行信贷管理的直接监管框架，对信贷和现金实行配额管理。中国人民银行以银行信贷为主要的政策目标，很大程度上是因其对高度集中的银行业实施了行政控制（Yi，2017）。

第二个阶段是 1998~2015 年，处于数量型向价格型的转变期。1998 年 1 月，中国人民银行取消了对银行信贷的直接控制，改为对信贷和货币总量的间接管理。随后，中国人民银行又建立了货币和信贷的间接管理框架，主要使用一套公开市场操作（OMO）、存款准备金率（RRR）、中国人民银行贷款和再贴现窗口等新工具，以调节货币供应总量和银行信贷。同时，中国人民银行开始注重利率工具。一方面，逐步推进利率市场化，1998~2004 年，中国人民银行逐步扩大贷款利率范围；2004 年 10 月，中国人民银行取消了贷款利率的上限和存款利率的下限；2013 年 7 月，中国人民银行取消了贷款利率下限；2015 年 10 月，中国人民银行取消了存款利率上限，最后一步完成了零售贷款和存款利率的自由化。另一方面，中国人民银行于 2007 年重建了银行间市场，即上海同业拆解利率市场，其成为观测银行间市场流动性状况的重要指标。

第三个阶段是 2016 年至今，以价格型货币政策为主但仍然关注货币数量。随着中国金融市场的发展，影子银行规模的扩大及利率自由化，中国人民银行发现 M2、社会融资规模（TSF）、新增贷款及其增速等数量型货币中介目标与通货膨胀的相关性越来越弱（Xu et al.，2018）。而且，中国人民银行跟踪监测、准确调控货币信贷数量的难度也越来越大（何德旭和冯明，2019）。因此，近年来中国人民银行逐步完善以公开市场操作利率为短期政策利率和以中期借贷便利（MLF）利率为中期政策利率的政策利率体系，并引导以 7 天质押回购利率（DR007）为代表的市场利率围绕政策利率为中枢波动，同时疏通从政策利率到 LPR 再到实际贷款利率的传导机制，以实现货币政策目标[①]。同时，中国人民银行依然维持 M2 和 TSF 与 GDP 增速基本匹配，从而建立了以价格型货币政策工具为主但仍然关注货币数量的货币政策框架。

综上所述，在中国货币政策框架逐渐演变的过程中，采用多种政策工具进

---

① 中国人民银行 2021 年第一季度货币政策执行报告专栏 1。

行调控，既包括数量型工具也包括价格型工具，这两种工具之间势必相互影响。因此，要客观分析货币政策对金融周期的影响和稳定作用，首先，需要考虑货币政策工具之间的交互影响。其次，需要评估每一种货币政策工具对金融周期及其他宏观经济变量的影响，以及各种货币政策工具在实现传统目标和新的金融稳定目标方面的相对有效性。最后，随着货币政策逐渐由数量型调控向价格型调控转变，这些政策工具对金融周期及其他宏观经济变量的有效性是否发生了转变？厘清这些问题可以进一步清晰地认识中国货币政策框架蓝图，明确货币政策在稳定经济和稳定金融中的效果。这些问题的研究还有利于进一步疏通从政策利率到信贷市场的传导渠道，实现以价格型为主的货币政策框架；并为货币政策既有效支持实体经济发展又避免发生系统性金融风险提供一定的政策参考。

为此，本章将结合中国货币政策的特点，通过构建包含数量型货币政策工具、价格型货币政策工具、金融周期以及经济周期等宏观经济变量的结构向量自回归模型（SVAR），以研究上面这些问题。与已有文献相比，本章的边际贡献主要体现在以下几个方面：①考察多种货币政策工具对金融周期的有效性；②考察两类货币政策工具在稳定经济周期和金融周期方面的相对有效性；③考察随着货币政策从数量型向价格型转变，各种货币政策工具在稳定经济周期和金融周期的有效性方面发生的变化。

7.2　货币政策影响金融周期的实证分析

7.2.1　变量选取

本章变量包括货币政策、金融周期和经济周期三个方面的指标。由于本章目的是考虑多种货币政策工具对金融周期的影响，由前述货币政策转型的历史背景可知，中国的货币政策工具繁多复杂，主要可以分为数量型工具和价格型工具，前者主要包括广义货币供给量（M2）、社会融资规模（TSF）和存款准备金率

（RRR），后者主要包括短期政策利率、贷款市场报价利率（LPR）和公开市场操作利率等。那么究竟选择哪些变量作为货币政策的代表性变量，需要根据其对金融周期和经济周期的重要性进行选择，对于在功能上类似的变量则根据数据的可获得性进行选择。

首先，对于数量型工具，中国货币政策框架将 M2 和 TSF 作为货币政策的中介目标，与名义经济增速基本匹配。而且，中国人民银行明确指出，使 M2 和社会融资规模增速向反映潜在产出的名义经济增速靠拢，内嵌了稳定宏观杠杆率的机制，有利于实现稳增长和防风险长期均衡①。TSF 和 M2 本质上是同一硬币的两个面，TSF 是从金融机构资产负债表的资产端计算，而 M2 是从银行资产负债表的负债端计算，此外，TSF 还包括资本市场的直接融资。但由于 TSF 在 2015 年之前只有年度数据，没有季度数据，因此难以与其他指标的频率相匹配。因此，取 M2 作为数量型货币政策的代表性指标。存款准备金率作为中国人民银行放松或收紧货币的一项重要政策工具，其不会改变中国人民银行的资产负债表，即不会改变基础货币，但会影响银行系统的流动性和货币乘数。换句话说，存款准备金率主要通过改变其最低要求比率来调节货币供应，直接影响银行系统创造货币并因此扩大信贷的能力，所以存款准备金率与信贷密切相关。从 2000 年 1 月至 2018 年 6 月，中国人民银行已调整存款准备金率 49 次。近年来，储备金要求的频繁变化引起了很多关注，中国人民银行行长周小川曾指出，准备金要求的变化并不必然代表货币宽松或紧缩政策，但与流动性或宏观审慎管理有更多相关关系（J. Klingelhöfer and Sun R. ，2017）。因此，中国存款准备金率的调整更多带有宏观审慎的色彩，要全面考察货币政策对金融周期的影响，也必须考虑存款准备金率的变化。

对于价格型政策，短期政策利率主要包括金融机构 7 天质押回购利率（DR007）和 7 天回购利率（R007）。中国人民银行在 2020 年第四季度的货币政策执行报告中表示"在观察市场利率时重点看市场主要利率指标 DR007 的加权平均利率水平，以及 DR007 在一段时期的平均值"。但是中国人民银行于 2014 年 12 月 15 日才开始对外发布，直到 2016 年第三季度，才在货币政策执行

---

① 中国人民银行 2021 年第一季度货币政策执行报告专栏1。

报告中首次提到。因此，DR007 的时间序列数据较短，难以满足研究需要。但 R007 与 DR007 高度相关，在实证分析中使用 R007 作为短期政策利率。除了短期政策利率之外，价格型政策工具还包括 LPR 和 MLF 利率。中国人民银行于 2013 年 10 月推出了 LPR 集中报价和发布机制，但由于缺少明确的参考标准，原 LPR 报价最终与贷款基准利率锚定，成了中国人民银行基准利率的"影子利率"。直到 2019 年 8 月，中国人民银行才对 LPR 进行改革，明确要求以 MLF 利率作为定价标杆。然而，由于此项政策执行时间还较短，难以形成较为完整的时间序列进行研究。在中国人民银行充分放开利率之前，银行主要根据贷款基准利率对信贷进行定价和抵押，基准利率的调整会对信贷和金融市场产生巨大影响（Kim and Chen，2019）。如 Chen 等（2013）研究了贷款基准利率的有效性，很大一部分银行贷款仍然以贷款基准利率进行定价。因此，尽管贷款基准利率在 2015 年之后不再更新，仍然需要考察其对金融周期的影响。

关于金融周期和经济周期的代表性变量，第 3 章在测度金融周期时已经说明。需要指出的是，之所以没有采用金融周期的综合指数，而是将金融周期的信贷、房地产价格和宏观杠杆率三个变量都纳入模型，这样做的好处是能够区分每一种货币政策工具对金融周期各个变量的不同影响。

7.2.2　数据来源、处理及平稳性检验

模型包含八个变量，分别是存款准备金率（RRR）、贷款基准利率（BLR）、7 天回购利率（R007）、M2、信贷（CREDIT）、房地产价格（HOUSE）、宏观杠杆率（LEV）和经济周期（BC）。其中，信贷、房地产价格、宏观杠杆率和经济周期的数据来源和处理同第 3 章一致。需要说明的是，本章采用的金融周期和经济周期的数据均为短周期数据，这与本书主要研究金融周期短期波动的目的相契合。

存款准备金率（RRR）、R007、贷款基准利率（BLR）和 M2 为货币政策的代表性变量，其中，M2 采用的是增长率。上述 4 个货币政策代表性变量的数据均来源于中国人民银行网站。数据时间区间为 2001 年第一季度到 2020 年第四季度。表 7.1 为货币政策变量数据的平稳性检验结果，由 ADF 检验结果可知，4 个变量均平稳。

表 7.1　变量 ADF 检验结果

变量	P 值	t 值	检验结果
RRR	0.0002	−3.83***	平稳
BLR	0.0000	−5.11***	平稳
R007	0.0000	−5.22***	平稳
M2	0.0000	−5.35***	平稳

注：***为1%显著性水平，滞后阶数根据 AIC 准则选取。

7.2.3　相关系数

为从统计数据本身去观测货币政策、金融周期和经济周期之间的关系，表 7.2 给出了各变量间的相关系数，就货币政策和金融周期的关系来说，可以看出，存款准备金率、贷款基准利率和7天回购利率与金融周期的三个指标的相关系数均为负。其中，存款准备金率与房地产价格、信贷和宏观杠杆率的相关系数分别为−0.10、−0.05 和−0.05；贷款基准利率与房地产价格、信贷和宏观杠杆率的相关系数分别为−0.27、−0.31 和−0.30；7天回购利率与房地产价格、信贷和宏观杠杆率的相关系数分别为−0.20、−0.11 和−0.13。M2 与房地产价格、信贷和宏观杠杆率的相关系数均为正，分别为 0.31、0.45 和 0.47。就货币政策和经济周期的关系来说，存款准备金率、贷款基准利率、7天回购利率和 M2 与经济周期的相关系数分别为−0.02、0.03、0.16 和−0.05。就金融周期和经济周期的关系来说，房地产价格、信贷和宏观杠杆率与经济周期的相关系数分别为 0.04、−0.17 和−0.28。

表 7.2　变量间的相关系数

变量	RRR	BLR	R007	M2	HOUSE	CREDIT	LEV	BC
RRR	1.00	0.09	0.44	−0.19	−0.10	−0.05	−0.05	−0.02
BLR	0.09	1.00	0.22	0.40	−0.27	−0.31	−0.30	0.03
R007	0.44	0.22	1.00	−0.37	−0.20	−0.11	−0.13	0.16

变量	RRR	BLR	R007	M2	HOUSE	CREDIT	LEV	BC
M2	-0.19	0.40	-0.37	1.00	0.31	0.45	0.47	-0.05
HOUSE	-0.10	-0.27	-0.20	0.31	1.00	0.36	0.37	0.04
CREDIT	-0.05	-0.31	-0.11	0.45	0.36	1.00	0.97	-0.17
LEV	-0.05	-0.30	-0.13	0.47	0.37	0.97	1.00	-0.28
BC	-0.02	0.03	0.16	-0.05	0.04	-0.17	-0.28	1.00

7.3　SVAR 模型构建及回归结果

7.3.1　SVAR 模型介绍

向量自回归模型作为现代时间序列分析的主要模型之一，在宏观经济分析中有着广泛的应用。但是，向量自回归模型主要是基于数据的统计性质建立模型，它是一种非结构化的泛理论模型，没有给出变量之间当期相关关系的确切形式，即在模型的右端不含内生变量的当期值。因此，VAR 模型无法解释经济变量当期之间的相关关系，此外，模型构建过程中各个变量的排序对模型生成的脉冲响应函数影响很大，这使建模具有很大的随意性。而结构向量自回归模型（SVAR）把基于经济理论的变量之间的结构性关系引入 VAR 模型，即在模型右端写入变量之间的当期关系，这在一定程度上解决了上述问题，使模型生成的脉冲响应函数具有明确的经济学含义。

为了考察货币政策对金融周期影响，本节构建 SVAR 模型。根据高铁梅（2009），考虑一个有 K 个变量，P 阶结构向量自回归模型 SVAR（p）为：

$$C_0 y_t = \Gamma_1 y_{t-1} + \Gamma_2 y_{t-2} + \cdots + \Gamma_p y_{t-p} + u_t, \ t = 1, \ 2, \ \cdots, \ T \tag{7.1}$$

其中：

$$C_0 = \begin{bmatrix} 1 & -c_{12} & \cdots & -c_{1k} \\ -c_{21} & 1 & \cdots & -c_{2k} \\ \vdots & \vdots & \ddots & \vdots \\ -c_{k1} & -c_{k2} & \cdots & 1 \end{bmatrix} \qquad (7.2)$$

$$\Gamma_i = \begin{bmatrix} r_{11}^{(i)} & r_{12}^{(i)} & \cdots & r_{1k}^{(i)} \\ r_{21}^{(i)} & r_{22}^{(i)} & \cdots & r_{2k}^{(i)} \\ \vdots & \vdots & \ddots & \vdots \\ r_{k1}^{(i)} & r_{k2}^{(i)} & \cdots & r_{kk}^{(i)} \end{bmatrix}, \; i = 1, \; 2, \; \cdots, \; P, \qquad (7.3)$$

式（7.1）可以写成滞后算子形式：

$$C(L)y_t = u_t \qquad (7.4)$$

式中，$C(L) = C_0 - \Gamma_1 L - \Gamma_2 L^2 - \cdots - \Gamma_p L^p$，$C(L)$ 是滞后算子 L 的 k 阶矩阵，$E(u_t u'_t) = I_k$，I_k 为单位矩阵。如果 $C(L)$ 可逆，则 SVAR 模型可以表示成无穷阶的 VMA（∞）形式：$y_t = D(L)u_t$

其中，$D(L) = C(L)^{-1}$，$D(L) = D_0 + D_1 L + D_2 L^2 + \cdots$，$D_0 = C_0^{-1}$。

而 VAR 模型的简化形式为：

$$y_t = \Theta(L)\varepsilon_t \qquad (7.5)$$

根据 Amisano 和 Giannini（1997）提出的 AB 型 SVAR 模型，令：

$$\Theta(L)\varepsilon_t = D(L)u_t \qquad (7.6)$$

要想识别上述模型，需要顾及 $2k^2$ 个矩阵系数，但 AB 型模型一旦成立，就对矩阵系数施加了 $k(k+1)/2$ 个非线性约束条件，剩下的 $2k^2 - k(k+1)$ 个约束条件则利用经济理论来加以限制。

7.3.2 SVAR 模型的设定

上述模型一共包含 8 个变量，分别为存款准备金率（RRR）、贷款基准利率（BLR）、货币市场利率（R007）、M2、房地产价格（HOUSE）、信贷（CRED-IT）、宏观杠杆率（LEV）和经济周期（BC）。相应地，SVAR 模型的 8 个方程也按上述变量顺序进行排列。根据 AB 型模型的识别条件，至少需要 92 个额外的约束条件识别模型。按照进行短期约束的一般方法，B 矩阵为对角阵，构成 64 个约束条件，A 矩阵的主对角元素均为 1，构成 8 个约束条件。

普通的 AB 型模型假设 C_0 矩阵主对角线元素为 1 的下三角矩阵，这时 SVAR 模型是一种递归模型，而且是恰好识别的。但是，一般短期约束的施加不必是下三角形式的（高铁梅，2009）。因此，上述模型中余下的 20 个约束条件根据经济理论施加约束。根据 AB 型模型，对 A 施加约束就相当于对矩阵 C_0 施加约束。所施加的约束如下：存款准备金率为外生变量，所以当期的贷款基准利率、货币市场利率和 M2 对存款准备金率没有影响，构成 3 个约束条件，并且我们假设存款准备金率在观测到当前和滞后的房地产价格、信贷、宏观杠杆率和经济周期变量以及其他变量的滞后期时会做出调整。贷款基准利率为外生变量，因此当期的存款准备金率、货币市场利率和 M2 对贷款基准利率没有影响，构成 3 个约束条件，并且假设贷款基准利率在观测到当前和滞后的房地产价格、信贷、宏观杠杆率和经济周期以及其他变量的滞后期时会做出调整。当期的 M2 对货币市场利率没有影响，构成 1 个约束条件。由于存款准备金率和贷款基准利率对 M2 的影响是滞后的，所以当期的存款准备金率和贷款基准利率对 M2 没有影响，构成 2 个约束条件。当期的宏观杠杆率和经济周期对 M2 没有影响，构成 2 个约束条件。当期的信贷、宏观杠杆率和经济周期对房地产价格没有影响，构成 3 个约束条件。当期的宏观杠杆率和经济周期对信贷没有影响，构成 2 个约束条件。当期的存款准备金率、贷款基准利率、货币市场利率和宏观杠杆率对经济周期没有影响，构成 4 个约束条件。以上约束条件加起来一共是 20 个，刚好满足 AB 型的 SVAR 模型。

7.3.3　模型结果分析

（1）金融周期和经济周期对贷款基准利率冲击的脉冲响应。图 7.1 分别给出了金融周期的房地产价格、信贷和宏观杠杆率三个变量以及经济周期对贷款基准利率冲击的脉冲响应函数。图 7.1（a）显示，给一个正向的贷款基准利率冲击，第 1 期对房地产价格有较小的正向影响，从第 2 期开始转为负，而且逐渐加强，到第 5 期负向影响达到最大。可见，贷款基准利率的上升对房地产价格影响有一定的延迟，但最终导致房地产价格下降。图 7.1（b）显示，给一个正向的贷款基准利率冲击，信贷逐渐下降，下降幅度在第 5 期达到最大，这是因为贷款基准利率的上升使企业和个人的借款成本上升，因而信贷减少。图 7.1（c）显示，正向的贷款基准利率冲击对宏观杠杆率的影响，贷款基准利率的上升使宏观杠杆率下降，宏观杠杆率是信贷与 GDP 的比率，可见贷款基准利率的上升对信贷的负向影响程度大于对 GDP 的负向影响程度，因而导致了宏观杠杆率的下降。图 7.1（d）显示，正向的贷款利率冲击对经济周期的影响有一定的延迟，第 3 期经济周期开始下降，下降幅度在第 7 期达到最大，这与经济理论一致，贷款基准利率上升对经济周期有负向的影响。

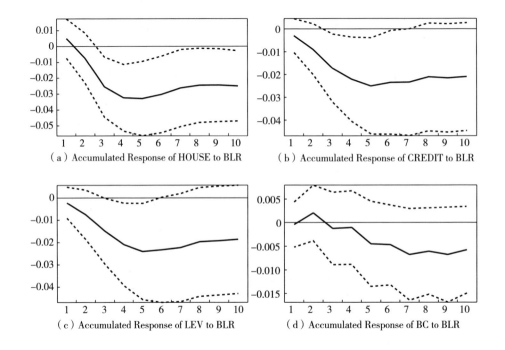

（a）Accumulated Response of HOUSE to BLR

（b）Accumulated Response of CREDIT to BLR

（c）Accumulated Response of LEV to BLR

（d）Accumulated Response of BC to BLR

图 7.1　房地产价格、信贷、宏观杠杆率和经济周期对贷款基准利率冲击的脉冲响应

（2）金融周期和经济周期对存款准备金率冲击的脉冲响应。图 7.2 分别给出了房地产价格、信贷、宏观杠杆率以及经济周期对存款准备金率冲击的脉冲响应函数。给一个正向的存款准备金率冲击，对房地产价格、信贷和宏观杠杆率均有负向的影响，而且到第 4 期的负向影响达到最大，然后逐渐减弱，到第 10 期趋于稳定。存款准备金率对经济周期的影响第 1 期到第 3 期为正，第 4 期转为负，并在第 6 期的负向影响达到最大，随后开始减弱，第 10 期趋近于 0。结果表明，虽然存款准备金率对经济周期的影响具有一定的延迟，但与经济理论吻合，存款准备金率的提高最终导致经济周期的下降。

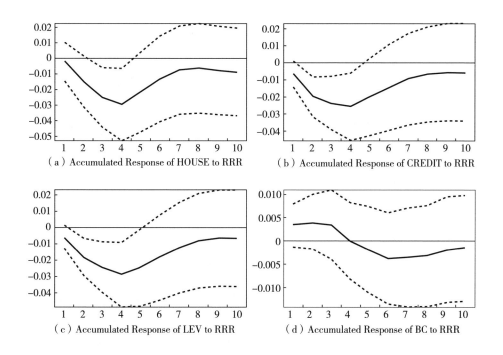

（a）Accumulated Response of HOUSE to RRR

（b）Accumulated Response of CREDIT to RRR

（c）Accumulated Response of LEV to RRR

（d）Accumulated Response of BC to RRR

图 7.2　房地产价格、信贷、宏观杠杆率和经济周期对存款准备金率冲击的脉冲响应

（3）金融周期和经济周期对货币市场利率冲击的脉冲响应。图 7.3 给出了房地产价格、信贷、宏观杠杆率和经济周期对货币市场利率冲击的脉冲响应函数。给一个正向的货币市场利率冲击，房地产价格不降反升，同时，信贷增加、宏观杠杆率上升，这与经济理论不甚一致。表明货币市场利率传导到房地产市场和信贷市场的渠道不通畅，因而房地产价格和信贷对货币市场利率的上升反应不敏感。货币市场利率的冲击使经济周期下降，下降幅度在第 6 期达到最大，然后逐渐减弱，到第 10 期接近于 0，结论与经济理论一致，紧缩的货币政策导致经济周期下降。

（4）金融周期和经济周期对 M2 冲击的脉冲响应。图 7.4 给出了 M2 冲击对房地产价格、信贷、宏观杠杆率和经济周期的脉冲响应函数，给一个正向的 M2 冲击，房地产价格和宏观杠杆率上升，信贷增加。表明宽松的货币政策推高

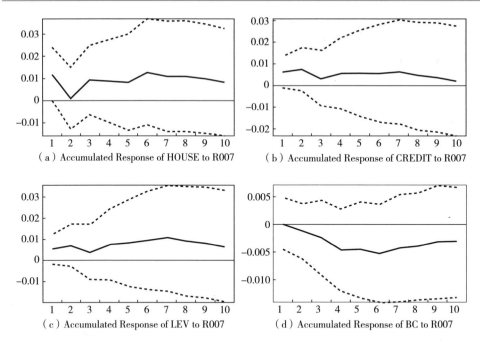

（a）Accumulated Response of HOUSE to R007　　　（b）Accumulated Response of CREDIT to R007

（c）Accumulated Response of LEV to R007　　　（d）Accumulated Response of BC to R007

图 7.3　房地产价格、信贷、宏观杠杆率和经济周期对货币市场利率的脉冲响应

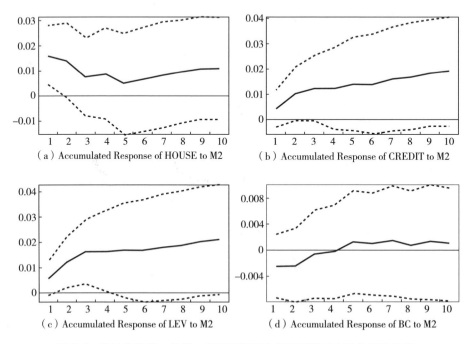

（a）Accumulated Response of HOUSE to M2　　　（b）Accumulated Response of CREDIT to M2

（c）Accumulated Response of LEV to M2　　　（d）Accumulated Response of BC to M2

图 7.4　房地产价格、信贷、宏观杠杆率和经济周期对 M2 的脉冲响应

了房地产价格，同时使信贷增加。另外，M2 的冲击对经济周期的影响一开始为负，第 5 期以后转为正，但正向影响程度较小，接近于 0，表明 M2 的增加对 GDP 的拉动作用有限。

综上所述，4 种货币政策对金融周期各变量的影响不相同，存款准备金率和贷款基准利率的上升使房地产价格、信贷和宏观杠杆率下降，而货币市场利率的上升使房地产价格、信贷和宏观杠杆率上升。这表明货币市场利率在稳定金融周期方面的作用较弱。M2 的增加使房地产价格、信贷和宏观杠杆率均上升。4 种货币政策对经济周期的影响与经济理论一致，扩张的货币政策使经济周期上升，紧缩的货币政策使经济周期下降，但 M2 对经济周期的拉动作用很有限。

7.3.4　方差分解

脉冲响应函数能够捕捉到一个内生变量的冲击因素对另一个内生变量的动态影响路径，而方差分解是通过分析每一个结构冲击对内生变量变化（通常用方差来度量）的贡献度来进一步评价不同结构冲击的重要性（高铁梅，2009）。图 7.5、图 7.6 和图 7.7 分别给出了房地产价格、信贷和宏观杠杆率的方差分解结果。

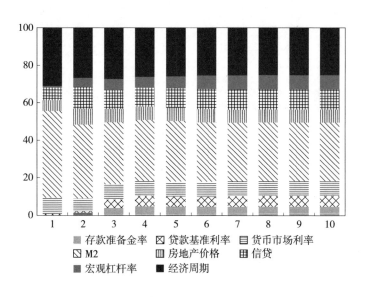

图 7.5　房地产价格的方差分解

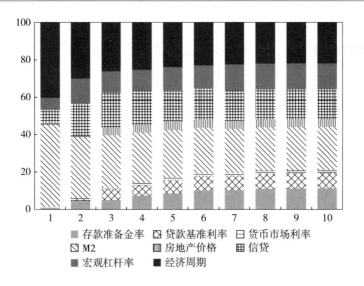

图 7.6　信贷的方差分解

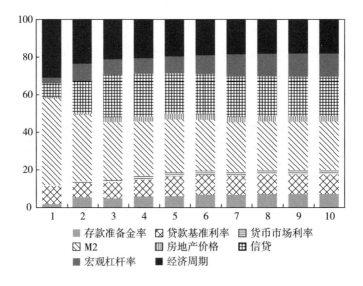

图 7.7　宏观杠杆率的方差分解

对于房地产价格来说，在 4 种货币政策工具中，M2 的波动对房地产价格波动的贡献最大，第 20 期的贡献率为 31.2%；而另外 3 种货币政策工具货币市场利率、存款准备金率和贷款基准利率的波动的贡献分别为 7.9%、4.7% 和 5.8%。

对于信贷来说，4 种货币政策工具 M2、存款准备金率、贷款基准利率和货币市场利率的波动对信贷波动的贡献分别为 22.7%、11.7%、8.5% 和 1.7%。对于宏观杠杆率来说，4 种货币政策工具 M2、存款准备金率、贷款基准利率和货币市场利率的贡献分别为 25.5%、7.4%、10.5% 和 2.49%。

可以看出，M2 冲击对金融周期三个变量影响的贡献最大，但另外三种货币政策冲击对金融周期各变量影响的贡献不甚相同。其中，货币市场利率冲击对房地产价格波动影响的贡献较大，但对信贷和宏观杠杆率波动影响的贡献较小；而存款准备金率和贷款基准利率冲击对信贷和宏观杠杆率波动影响的贡献较大，对房地产价格波动影响的贡献较小。

7.4　本章小结

本章通过 SVAR 模型对货币政策对金融周期和经济周期的影响进行了实证研究，结果表明：贷款基准利率和存款准备金率对稳定金融周期均有较好的效果；7 天回购利率对稳定经济周期有较好的效果，而对稳定金融周期的作用不明显。此外，M2 的增加导致信贷、房地产价格和宏观杠杆率均上升。

上述结果表明，数量型货币政策工具在稳定金融周期方面的效果好于价格型货币政策工具，原因可能是短期利率传导至信贷市场利率的渠道不通畅，也就是说金融周期的代表性变量房地产价格和信贷对短期利率的上升不敏感，反映了在中国当前房地产市场和信贷市场异常繁荣的背景下，利用短期利率调控房地产价格和信贷达不到较好的效果。这一方面说明中国人民银行需要进一步推进利率市场化，疏通从政策利率到长期利率的传导渠道；另一方面也说明中国人民银行需要借助于预期管理和宏观审慎政策来稳定金融周期，这也正是本书第 6 章和第 8 章的研究内容。

第8章 宏观审慎政策对金融周期的时变影响

上一章研究了货币政策对金融周期的影响，尽管中国货币政策目标不仅包括价格稳定和经济稳定，还包括金融稳定，然而单靠货币政策稳定金融周期是远远不够的。一方面，金融周期与经济周期并不总是同步的，如经济周期下降时金融周期则可能上升。这时货币政策的执行会陷入两难境地，宽松的货币政策会抑制经济周期下降，但同时可能导致金融周期进一步上升，带来系统性金融风险。即使经济周期和金融周期是同步的，但两类周期的扩张（收缩）幅度也可能不同，资产价格的变化速度可能远超一般竞争性部门商品价格的变化速度（李斌和吴恒宇，2019），如通过第3章的研究得出，金融周期短周期的波动幅度远远大于经济周期，所以单纯依靠货币政策难以同时平衡好金融周期与经济周期。另一方面，第4章和第5章的研究结果也显示，金融系统是非中性的，房地产价格和信贷等金融变量相互推动的金融周期会放大经济周期的波动，这进一步说明货币政策难以同时稳定好金融周期和经济周期。因此，为了维护金融稳定，防范系统性风险，需要借助宏观审慎政策以应对金融周期问题。那么，中国人民银行应该采用哪些宏观审慎工具来应对金融周期，其有效性如何？如何评估这些宏观审慎政策在不同金融周期阶段的有效性？在政策调控的实践中，宏观审慎政策与货币政策两种政策工具的配合性如何？关于这些问题的回答对于中国合理实施宏观审慎政策以及构建货币政策与宏观审慎政策的双支柱框架具有重要的实践意义。

为了分析以上问题，本章构建包含金融周期、宏观审慎政策以及货币政策的滚动回归 VAR 模型，分析不同的宏观审慎政策工具对金融周期变量的时变影响，并比较分析宏观审慎政策和货币政策在稳定金融周期方面的相对有效性。

需要指出，虽然已经在第 7 章研究了货币政策对金融周期的影响，但本章引入货币政策变量的目的是对比货币政策和宏观审慎政策对金融周期的有效性，而且本章采用的滚动回归 VAR 模型能够给出二者对金融周期影响的时变性特征。

8.1　中国宏观审慎政策的实施背景

中国明确提出运用宏观审慎政策应对金融周期的时间是在 2017 年，时间较晚，但事实上这之前就已经在运用宏观审慎政策工具调节信贷和房地产价格。

首先，在资本类工具方面，中国人民银行于 2011 年正式引入差别存款准备金动态调整制度，并将其作为重要的宏观审慎政策工具。该工具将金融机构适用的存款准备金率与其资本充足率、资产质量状况等指标挂钩。2016 年，中国人民银行将差别准备金动态调整机制升级为宏观审慎评估体系（MPA），从资本和杠杆、资产负债、资产质量、流动性、定价行为、跨境融资风险、信贷政策执行情况七大方面对金融机构的行为进行多维度的引导（张晓慧，2017）。

在资本充足率方面，《巴塞尔协议 Ⅲ》之后，逆周期资本充足率要求政策工具得到中国银监会（现为国家金融监督管理总局）的高度重视。2013 年 1 月1 日，银监会实施《商业银行资本管理办法（试行）》（已失效），该办法规定了中国商业银行应当在最低资本要求和储备资本要求的基础上计提逆周期资本金，逆周期资本要求为风险加权资产的 0~2.5%，由核心一级资本来满足。之后，2020 年中国人民银行、银保监会发布了《关于建立逆周期资本缓冲机制的通知》，该通知明确逆周期资本缓冲比率初始设定为 0①。

其次，信贷类工具主要是指贷款价值比，重点实施于住房抵押贷款市场。由于使用贷款价值比可以有效控制信贷增长，在全球金融危机之前国内外就将其作为一项重要的宏观审慎政策工具。

---

① http：//www.cbirc.gov.cn/cn/view/pages/index/index.html。

之后中国人民银行、银保监会又建立了银行业金融机构房地产贷款集中管理制度，即银行业金融机构房地产贷款余额占该机构人民币各项贷款余额的比例和个人住房贷款余额占该机构人民币各项贷款余额的比例应满足人民银行、银保监会确定的管理要求①。

8.2 宏观审慎政策影响金融周期的实证分析

8.2.1 变量说明

虽然中国宏观审慎政策工具较多，但是由于中国宏观审慎政策实施较晚，考虑到数据可获得性、数据时间序列长度以及数据平稳性的要求，资本类监管工具方面选择拨备覆盖率（Provision Coverage，PC）为代表变量、流动性监管工具方面选择流动性比例（Liquidity Ratio，LR）和超额准备金（Excess Reserve，ER）为代表变量。

（1）宏观审慎政策。拨备覆盖率，也称为拨备充足率，是指贷款损失准备对不良贷款的比率，主要反映商业银行对贷款损失的弥补能力和对贷款风险的防范能力。该项指标从宏观上反映银行贷款的风险程度，因此比率越高，银行贷款风险越大。如果商业银行提高拨备覆盖率，银行利润减少，银行将增加贷款利息，进而使企业信贷减少（Sattlements，2012），从而抑制金融周期的上升。如Jiménez等（2017）发现西班牙的动态拨备政策能够有效地抑制信贷周期，并在经济下行周期为实体经济提供资金支持。

流动性比例指流动资产和流动负债的比率。流动性比例的增加使银行利润降低，银行为维持利润，将提高贷款利率，使企业信贷需求降低。超额准备金是指商业银行及存款性金融机构在中国人民银行存款账户上的实际准备金超过法定准

---

① 中国人民银行网站：http://www.pbc.gov.cn/huobizhengceersi/214481/3868581/3868584/4156106/index.html。

备金的部分。当商业银行超额准备金增加时，意味着信贷供给减少，对金融周期起到一定的抑制作用。

（2）金融周期。与第 7 章相同，关于金融周期的代表性变量，将金融周期的信贷、房地产价格和宏观杠杆率三个变量都纳入模型，这样做的好处是能够区分每一种宏观审慎政策工具对金融周期各个变量的不同影响。

（3）货币政策。前述已经说明，本章引入货币政策变量的目的是对比货币政策和宏观审慎政策对金融周期的有效性，这里选择 7 天回购利率（R007）作为货币政策的代表性变量。

8.2.2　数据来源、处理及平稳性检验

本章模型包含 7 个变量，分别是信贷、房地产价格、宏观杠杆率、拨备覆盖率、流动性比例、超额准备金和 7 天回购利率。其中，信贷、房地产价格、宏观杠杆率为金融周期的代表性变量，其数据来源同第 3 章。同第 7 章一样，本章采用的数据也均为金融周期的短周期数据。7 天回购利率为货币政策的代表性变量，数据来源同第 7 章。拨备覆盖率、流动性比例和超额准备金为宏观审慎政策的代表性变量，数据来源于中国人民银行网站。需要说明，宏观审慎政策三个变量的样本长度不同，拨备覆盖率和流动性比例样本的时间区间为 2009 年第一季度至 2018 年第一季度，超额准备金样本的时间区间是 2004 年第一季度至 2018 年第一季度。

单位根检验结果表明，拨备覆盖率、流动性比例和超额准备金 3 个变量均平稳（见表 8.1）。

表 8.1　变量 ADF 检验结果

变量	P 值	t 值	检验结果
PC	0.0341	-3.72^{**}	平稳
LR	0.07	-3.35^{*}	平稳
ER	0.0002	-5.43^{***}	平稳

注：* 为 10% 显著性水平，** 为 5% 显著性水平，*** 为 1% 显著性水平。

8.2.3 滚动 VAR 回归模型

VAR 模型是宏观经济研究中常用的模型，它将所选择的宏观经济变量看作一个整体，利用其自身的滞后变量作为解释变量进行回归。一般的 VAR 模型无法得到系数随时间的变化情况，而如果样本数据的时间期限较短，直接利用时变模型又难以得到可靠的估计结果。为此，将 VAR 模型与滚动回归方法结合，这样不仅可以得到时变的参数，估计的结果也比较可靠稳健。

参照程海星（2018）的研究，首先对 VAR 模型进行一些变换。假设 y_t 是所研究的 k 个宏观经济变量所组成的变量向量，样本长度为 T。参数不随时间变化的、带截距项和趋势项的 P 阶 VAR 模型可以表示为：

$$y_t = C_0 + C_T t + C_1 y_{t-1} + \cdots + C_P y_{t-p} + u_t \tag{8.1}$$

其中，C_0 和 C_T 为 $k \times 1$ 维系数矩阵，C_1，$\cdots$，C_p 为 $k \times k$ 维系数矩阵，不同期的随机扰动项之间相互独立且都服从正态分布，即 $u_t \sim \text{IIDN}(0, \Omega)$。接下来，构造 $kp+2$ 维变量向量 $X_t = (1, t, y'_{t-1}, \cdots, y'_{t-p})'$ 和 $k \times (kp+2)$ 维系数矩阵 $C = (C_0, C_T, C_1, \cdots, C_p)$。

原 VAR 模型可以写成紧凑形式 $y_t = CX_t + u_t$。进一步，将系数矩阵 C 写成向量形式，构造 $k \times (k^2 p + 2k)$ 维变量矩阵 $Z_t = I_k \otimes X'_t$ 和 $k^2 p + 2k$ 维系数向量 $\beta = \text{vec}(C')$，其中，符号 $\otimes$ 代表矩阵 Kronecker 积，符号 vec 代表矩阵的向量化算子。VAR 模型可以进一步写成：

$$y_t = Z_t \beta + u_t \tag{8.2}$$

其中，Z_t 和 β 的展开形式为：

$$Z_t = \begin{bmatrix} X'_t & 0 & \cdots & 0 \\ 0 & X'_t & \cdots & 0 \\ \vdots & \vdots & \ddots & \vdots \\ 0 & 0 & \cdots & X'_t \end{bmatrix} \tag{8.3}$$

$$\beta = (C_{0,1}, C_{T,1}, C_{1,11}, \cdots, C_{1,1k}, C_{2,11}, \cdots, C_{p,1k}, C_{0,2}, C_{T,2}, \cdots, C_{p,2k}, \cdots, C_{p,kk}) \tag{8.4}$$

其中，$C_{0,1}$，$\cdots$，$C_{0,k}$ 为 C_0 中的元素；$C_{T,1}$，$\cdots$，$C_{T,k}$，为 C_T 中的元素；

$C_{1,11}$，$C_{1,12}$，$\cdots$，$C_{1,kk}$ 为矩阵 C_1 中的元素；系数向量 β 包含了原 VAR 模型中的所有系数。模型 1 的 OLS 估计结果可以表示为：

$$\hat{\beta} = (Z'_t Z_t)^{-1} Z'_t y_t \tag{8.5}$$

为了得到时变参数，本章采用了滚动回归方法。假设样本数据时间长度从 t_1 至 t_T。首先，根据样本时间序列长度和估计可靠程度折中选定一个滚动区间长度（本文选择 20 个季度）。然后，开始对 VAR 模型进行估计，第一次回归采用时间从 t_1 至 t_{20} 的样本，得到回归系数 $\hat{\beta}_1$，第二次回归采用 t_2 到 t_{21} 的样本，得到回归系数 $\hat{\beta}_2$，以此类推，直到采用时间从 t_{T-19} 至 t_T 的样本，得到回归系数 $\hat{\beta}_{T-19}$。最终，便得到了 VAR 模型的时变系数组（$\hat{\beta}_1$，$\hat{\beta}_2$，$\cdots$，$\hat{\beta}_{T-19}$）。

8.2.4　模型估计和脉冲响应函数

下面以变量 PC、LR 和 ER 作为宏观审慎政策变量，以房地产价格（Ho）、信贷（Cr）和宏观杠杆率（Lev）作为金融周期变量，分别构建变量组 1（Ho Cr Lev PC r07）、变量组 2（Ho Cr Lev LR r07）、变量组 3（Ho Cr Lev ER r07），样本长度分别为 37 个、37 个和 57 个。对 3 个变量组建立 VAR 模型，分别称为模型 1、模型 2 和模型 3，由于滚动回归方法使样本长度有限，所以选取 1 阶滞后，采用滚动回归方法对三个模型进行估计，滚动过程中每次回归的样本长度为 20 个季度。最终的估计结果为：模型 1 和模型 2 得到 18 组系数，模型 3 得到 38 组系数。由于系数估计结果较多，在此仅展示最后一期的时变系数，即利用 2013 年第二季度至 2018 年第一季度的数据估计所形成的模型 1、模型 2 和模型 3 所对应的 VAR 模型的估计结果：

$$
\begin{pmatrix} Cr \\ Ho \\ Lev \\ PC \\ r07 \end{pmatrix}_t =
\begin{pmatrix} -0.43 \\ 1.94 \\ 0.23 \\ -0.52 \\ -0.30 \end{pmatrix} +
\begin{pmatrix} 0.04 \\ -0.21 \\ -0.02 \\ 0.04 \\ 0.06 \end{pmatrix} t +
\begin{pmatrix}
0.28 & -0.07 & 0.58 & 0.15 & 0.01 \\
1.61 & 0.40 & -0.27 & -1.59 & -0.22 \\
0.06 & 006 & 0.23 & -0.02 & -0.01 \\
0.01 & 0.13 & -0.08 & 1.21 & 0.01 \\
0.86 & -0.10 & 0.46 & 0.84 & -0.20
\end{pmatrix}
\begin{pmatrix} Cr \\ Ho \\ Lev \\ PC \\ r07 \end{pmatrix}_{t-1} + u_t
$$

$$
\begin{pmatrix} Cr \\ Ho \\ Lev \\ LR \\ r07 \end{pmatrix}_t = \begin{pmatrix} -0.27 \\ 0.31 \\ 0.22 \\ 0.06 \\ 0.58 \end{pmatrix} + \begin{pmatrix} 0.02 \\ -0.05 \\ -0.02 \\ 0.07 \\ -0.03 \end{pmatrix} t + \begin{pmatrix} 0.43 & -0.08 & 0.58 & -0.004 & 0.02 \\ 0.06 & 0.63 & -0.03 & 0.35 & -0.39 \\ 0.07 & 0.08 & 0.28 & 0.06 & -0.02 \\ 0.35 & -0.24 & -0.57 & 0.13 & -0.18 \\ 1.73 & -0.20 & 0.43 & -0.08 & -0.12 \end{pmatrix} \begin{pmatrix} Cr \\ Ho \\ Lev \\ LCR \\ r07 \end{pmatrix}_{t-1} + u_t
$$

$$
\begin{pmatrix} Cr \\ Ho \\ Lev \\ ER \\ r07 \end{pmatrix}_t = \begin{pmatrix} -0.27 \\ 0.23 \\ 0.23 \\ 0.02 \\ -0.64 \end{pmatrix} + \begin{pmatrix} 0.02 \\ -0.02 \\ -0.02 \\ -0.05 \\ -0.03 \end{pmatrix} t + \begin{pmatrix} 0.39 & -0.07 & 0.54 & -0.05 & 0.04 \\ -0.14 & 0.56 & -0.35 & -0.01 & -0.35 \\ 0.01 & 0.07 & 0.19 & -0.04 & 0.002 \\ -0.33 & -0.06 & -0.06 & -0.05 & -0.08 \\ 2.10 & -0.26 & 0.81 & 0.37 & -0.26 \end{pmatrix} \begin{pmatrix} Cr \\ Ho \\ Lev \\ ER \\ r07 \end{pmatrix}_{t-1} + u_t
$$

上述代表金融周期的方程中宏观审慎政策变量（PC、LR、ER）的系数 $C_{14,t}$、$C_{24,t}$、$C_{34,t}$ 和货币政策变量（r07）的系数 $C_{15,t}$、$C_{25,t}$、$C_{35,t}$ 是本书关注的系数，分别代表了 $\dfrac{\Delta FC}{\Delta Pru}$（宏观审慎政策变化一个单位，信贷、房地产价格和宏观杠杆率的变化程度）和 $\dfrac{\Delta FC}{\Delta r07}$（货币政策变化一个单位，信贷、房地产价格和宏观杠杆率的变化程度）。三个模型对比来看，$C_{15,t}$、$C_{25,t}$ 和 $C_{35,t}$ 的差别不大，而系数 $C_{14,t}$、$C_{24,t}$、$C_{34,t}$ 的差别比较明显，表明宏观审慎政策对各金融周期变量的影响不甚一致，而货币政策对各金融周期变量的影响相对一致。

VAR 模型是将所有变量作为一个系统来考虑，所以，仅考察模型的回归系数的大小或正负是不够的。例如，$C_{14,t}$ 更多关注了信贷与宏观审慎政策工具的其中之一拨备覆盖率两个变量之间的关系，而无法反映拨备覆盖率通过影响其他变量来间接影响信贷的情况。为了充分反映 VAR 模型中一个变量对另一个变量的影响程度，需要采用脉冲响应函数方法。对于稳定的 VAR 模型，累计脉冲响应最终将趋于稳定值（本章选择冲击后 20 期的响应值）。

8.3　结果分析

在三个 VAR 模型中，包含变量超额准备金率（ER）的模型 3 的时变系数时间区间最长，可以展示 2008 年全球金融危机以来，金融周期对超额准备金率政策和货币政策冲击的反应。包含变量拨备覆盖率（PC）和流动性比例（LR）的模型 1 和模型 2，受样本长度限制，时变系数仅从 2013 年第四季度开始，使结果分析受到一定的制约。

8.3.1　宏观审慎政策对金融周期的影响

图 8.1 至图 8.3 分别展示了三种宏观审慎政策对金融周期变量信贷、房地产价格和宏观杠杆率的时变影响，即随着时间变化，各金融周期变量分别对三种宏观审慎政策冲击累计 20 期的脉冲响应值。从理论上来看，拨备覆盖率、流动性比例和超额准备金的增加都会增加银行的成本，从而抑制金融周期。

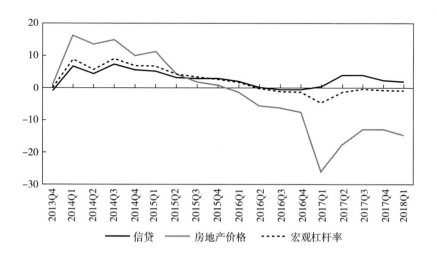

图 8.1　金融周期对拨备覆盖率的脉冲响应

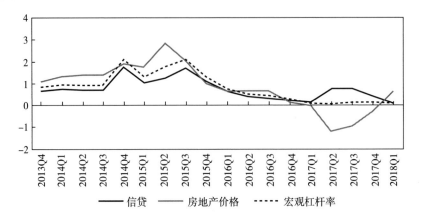

图8.2　金融周期对流动性比例的脉冲响应

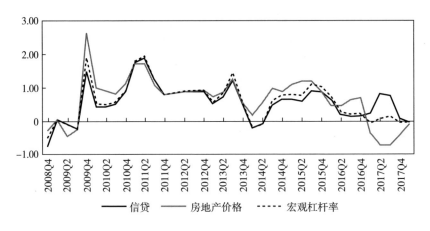

图8.3　金融周期对超额准备金冲击的脉冲响应

图8.1显示2013年第四季度到2018年第一季度，拨备覆盖率对信贷的脉冲响应始终为正值，表明拨备覆盖率的增加对信贷没有起到稳定的效果。拨备覆盖率对房地产价格的脉冲响应在2013年第四季度到2015年第四季度为正，从2016年第一季度以后转为负值，表明从2016年第一季度开始，拨备覆盖率的增加导致房地产价格下降，对抑制房地产价格起到了一定的效果。拨备覆盖率对宏观杠杆率的脉冲响应在2013年第四季度到2016年第一季度为正，从2016年第二季度转为负值，表明从2016年第二季度开始拨备覆盖率的增加使宏观杠杆率下降，对抑制宏观杠杆率上升起到了一定的效果。而且拨备覆盖率对房地产价格的负向影响效果大于宏观杠杆率。

图 8.2 显示了信贷、房地产价格和宏观杠杆率对流动性比例冲击的时变脉冲响应函数。信贷对流动性比例冲击的脉冲响应始终为正值，表明流动性比例对信贷的增加未起到抑制的效果。房地产价格对流动性比例冲击的脉冲响应在 2016 年第四季度以前为正值，但从 2017 年第一季度到 2017 年第四季度为负，表明这一时间段，流动性比例的增加使房地产价格下降，起到了抑制房地产价格上升的效果。宏观杠杆率对流动性比例冲击的脉冲响应始终为正值，表明流动性比例的增加对宏观杠杆率上升未起到抑制的效果。

图 8.3 显示了信贷、房地产价格和宏观杠杆率对超额准备金冲击的时变脉冲响应函数。信贷对超额准备金冲击的脉冲响应在 2008 年第四季度到 2009 年第三季度以及 2014 年第一季度到 2014 年第二季度为负，表明在这两个区间超额准备金的增加导致信贷下降，其他时间段，超额准备金对信贷上升未起到抑制的效果。房地产价格对超额准备金的脉冲响应在 2008 年第四季度到 2009 年第三季度和 2017 年第一季度到 2018 年第一季度为负值，表明在这两个时间段内，超额准备金的增加对抑制房地产价格上升起到一定的作用。宏观杠杆率对超额准备金冲击的脉冲响应在 2008 年第四季度到 2009 年第三季度和 2017 年第四季度到 2018 年第一季度为负，表明在这两个时间段，超额准备金的增加使宏观杠杆率下降。

总的来看，宏观审慎政策对金融周期的稳定效果具有时变性的特征，在 2016 年之前，三种宏观审慎政策对金融周期的稳定作用不明显，2017 年之后的稳定效果较好。而且拨备覆盖率、流动性比例和超额准备金对金融周期各变量的影响偏向不同。拨备覆盖率和流动性比例对房地产价格具有较好的抑制作用，而对信贷和宏观杠杆率上升的抑制作用较小。超额准备金在金融危机期间对信贷、房地产价格和宏观杠杆率均具有较好的抑制作用。

8.3.2　货币政策对金融周期的影响

图 8.4 至图 8.6 分别显示了货币政策对金融周期变量信贷、房地产价格和宏观杠杆率的影响。每张图有三条线，分别代表三个 VAR 模型中同一个金融周期变量对货币政策冲击累计 20 期的脉冲响应值，可以看出货币政策对金融周期的影响在三个 VAR 模型中都类似。货币政策对信贷、房地产价格和宏观杠杆率的影响在 2009 年第四季度到 2012 年第四季度之间有较明显的负向影响，表明在这

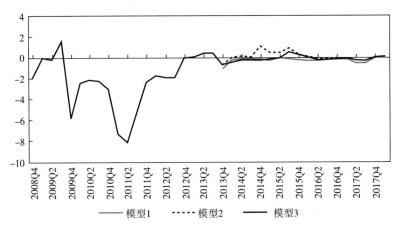

图 8.4　信贷对货币政策冲击的脉冲响应

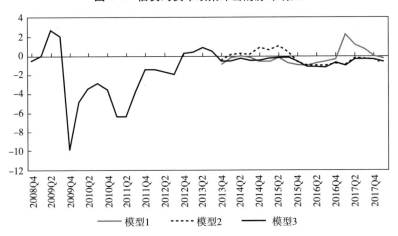

图 8.5　房地产价格对货币政策冲击的脉冲响应

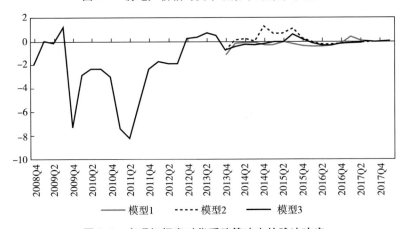

图 8.6　宏观杠杆率对货币政策冲击的脉冲响应

期间利率的上升可以有效抑制金融周期。但是到 2013 年之后货币政策对金融周期的负向影响变小，接近与 0，表明随着时间的推移，货币政策在稳定金融周期方面的效果逐渐减弱。

8.3.3　货币政策和宏观审慎政策联合对金融周期的影响

传统理论认为货币政策的目标是价格稳定和经济稳定，宏观审慎政策的目标是金融稳定，然而二者是否能有效地配合？理想的情况是货币政策和宏观审慎政策各自实现自己的政策目标，二者不互相抵消，甚至其中一种可以帮助另一种政策实现目标。现阶段，中国经济增长速度逐渐下滑，金融创新的速度又较快，中国人民银行面临着"稳增长""防风险"等多种任务。那么，较好的配合是货币政策通过调控货币总量、市场利率等变量，达到实体经济平稳增长和价格稳定的目标，宏观审慎政策通过宏观审慎政策工具进行逆周期调节，达到去杠杆和防范金融风险的目标。因此，在本书的实证时间区间，理想的结果应该是宏观审慎政策对货币政策的冲击响应为负值，也就是说，当中国人民银行实施较为宽松的货币政策刺激经济增长时，同时实施较紧的宏观审慎政策可以抑制因宽松货币政策而导致的金融周期的上升，达到防范系统性风险的目的。

图 8.7 显示了三种宏观审慎政策对货币政策冲击累计 20 期的响应值，可以看出，货币政策对三种宏观审慎政策的影响不尽相同。对于拨备覆盖率来说，给一个正向的货币政策冲击，2013 年第四季度到 2015 年第二季度，拨备覆盖率的脉冲响应为正值，2015 年第三季度开始转为负值，一直到 2017 年第四季度，表明从 2015 年第三季度开始货币政策收紧的同时，拨备覆盖率下降。对于流动性比例来说，给一个正向的货币政策冲击，流动性比例的脉冲响应在 2014 年第三季度到 2015 年第二季度为负值，表明在这一区间，货币政策收紧的同时，流动性比例下降。对于超额准备金来说，2013 年第四季度到 2015 年第二季度，货币政策冲击的脉冲响应为负值，表明在这一区间，货币政策收紧的同时，超额准备金下降。对比三种宏观审慎政策对货币政策冲击的脉冲响应，相对而言，拨备覆盖率与货币政策的配合较好，即货币政策收紧时，宏观审慎政策宽松；反之，货币政策宽松时，宏观审慎政策收紧，这有利于同时达到稳定金融周期和经济周期的目的。

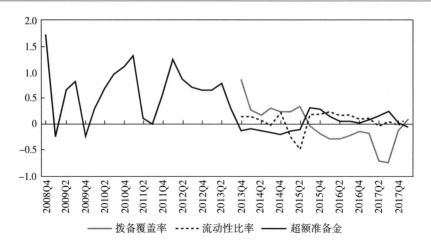

图 8.7　宏观审慎政策对货币政策冲击的脉冲响应

8.4　本章小结

通过构建包括金融周期、宏观审慎政策和货币政策的滚动回归 VAR 模型，得出：一是三种宏观审慎政策对金融周期各变量的相对有效性不同，拨备覆盖率、流动性比例和超额准备金对房地产价格具有较好的抑制作用，但对信贷和宏观杠杆率的抑制作用较小，而且宏观审慎政策对金融周期具有明显的抑制作用主要体现在 2017 年之后；二是 2012 年之前，货币政策对金融周期具有较好的抑制作用，2012 年之后货币政策抑制金融周期的效果较小；三是三种宏观审慎政策中，只有拨备覆盖率与货币政策配合效果较好，即货币政策宽松的同时，拨备覆盖率提高，可以抑制金融周期上升，从而避免系统性金融风险的发生。

从以上结论可以看出，货币政策稳定金融周期的效果越来越弱，而宏观审慎政策稳定金融周期的效果越来越显著。因此，中国人民银行应逐步完善"双支柱"框架，同时注重货币政策与宏观审慎政策之间的相互影响。

第9章　结论与展望

9.1　主要研究结论

本书以中国的金融周期为研究对象，在梳理相关文献研究的基础上，首先对金融周期进行了测度，其次通过构建动态随机一般均衡模型对金融周期的形成机制进行了详细分析，最后研究了预期管理、货币政策和宏观审慎政策对金融周期的稳定作用。

具体来说，第3章选取信贷、房地产价格和宏观杠杆率为金融周期的代表性变量，并分别通过 HP 滤波和奇异谱方法对中国的金融周期进行了测度，比较分析了两种方法的测度结果。第4章构建了一个包含企业抵押约束和商业银行资本约束的 DSGE 模型，详细分析了这两种机制对金融周期的影响，并利用实际经济数据对其进行贝叶斯估计，结果证实了上述机制。第5章在分析金融周期与金融加速器效应理论联系的基础上，将金融周期的研究方法应用于金融加速器效应的研究，重点考察了中国金融加速器效应的区制特征，即不同时期金融周期对经济周期放大效应的不同，并基于中国的经济现实详细给出了其中的缘由。第6章借鉴消息冲击的方式将预期管理的货币政策引入一个 DSGE 模型，分析并比较了传统的货币政策和预期管理的货币政策对金融周期的作用。第7章在梳理中国货币政策转型历程的基础上，通过 SVAR 模型对两类货币政策在稳定金融周期和经济周期方面的相对有效性进行了实证研究。第 8 章在梳理中国实施宏观审慎政策实践的基础上，通过滚动回归 VAR 模型分析了三种宏观审慎政策工具对中国金融周期的影响。

以上研究得出的主要结论有：

第一，中国的金融周期和经济周期同时存在短周期和中周期。就短周期来说，经济周期的长度大于金融周期，但金融周期的波动幅度大于经济周期。就中周期来说，二者的走向、长度及波幅基本一致。

第二，DSGE 模型的脉冲响应结果显示，企业抵押约束和商业银行资本约束是中国金融周期形成机制的重要原因；相应的变量方差分解结果显示，房地产需求冲击、企业抵押约束冲击和商业银行资本约束冲击三者加起来能够解释中国房地产价格和信贷波动的 68.06% 和 95.73%。

第三，MSVAR 模型结果显示，中国金融加速器效应存在明显的区制特征，即在经济的剧烈波动期和平稳期，金融周期放大经济周期的效应是不同的，当经济处于剧烈波动期时，金融周期对经济周期的放大作用更强。不确定性、黏性预期以及金融结构的变化等因素是金融加速器效应区制特征的主要原因。

第四，传统的货币政策和预期管理的货币政策均对稳定金融周期有一定的作用，但是预期管理的货币政策效果优于传统的货币政策，而且福利分析显示，预期管理的货币政策能更好地改善社会福利。这表明中国人民银行可以通过沟通等预期管理的形式向公众传达政策意图，从而达到稳定金融周期的目的。

第五，SVAR 模型结果显示，数量型货币政策在稳定金融周期方面的效果优于价格型货币政策。具体来说，贷款基准利率和存款准备金率在稳定金融周期和经济周期方面均有较好的效果；而货币市场利率即 7 天回购利率对金融周期的作用不明显。

第六，滚动回归 VAR 模型结果显示，货币政策稳定金融周期的效果越来越弱，而宏观审慎政策稳定金融周期的效果越来越显著。而且三种宏观审慎政策对金融周期各变量的相对有效性不同，拨备覆盖率、流动性比例和超额准备金对房地产价格具有较好的抑制作用，但对信贷和宏观杠杆率的抑制作用较小。

9.2　不足与展望

本书在撰写中还存在以下不足之处：

第一，在对中国的金融周期形成机制建模时，尽可能地以中国的金融周期特征为依据，构建了一个适合中国的 DSGE 模型。鉴于本书篇幅和研究时间的限制，构建的模型还比较简单，在模型中仅考虑了企业抵押约束和商业银行资本约束的机制。如何在此基础上，进一步考虑更多的中国金融周期的形成机制，使得模型能更贴合中国金融周期的特征，是未来可以继续深入研究的方向。

第二，在分析宏观审慎政策对金融周期的影响时，鉴于数据可获得性以及时间序列的长度，构建模型时仅考虑了三种宏观审慎政策，然而宏观审慎政策是一个系统，如何考虑更多的宏观审慎政策工具对金融周期的影响，例如，通过一种科学的方法编制综合性的宏观审慎政策指数，如采用文本或大数据的方法，但由于笔者时间及精力限制，未能做进一步的研究，希望未来可以在这方面取得突破。

第三，本书分别分析了货币政策和宏观审慎政策对金融周期的稳定作用，但是由于笔者学术水平有限，未能在二者稳定金融周期和经济周期的协调配合上做更深入的研究和探讨，这也是未来可以努力的方向。

参考文献

［1］ Adrian T. , Estrella A. , Shin H. S. Monetary Cycles, Financial Cycles, and the Business Cycle ［J］. Social Science Electronic Publishing, 2010 （421）, DOI: 10. 4236/jfrm. 2014. 33007.

［2］ Adrian T. , Shin H. S. Financial Intermediaries and Monetary Economics ［J］. Handbook of Monetary Economics, 2010 （3）: 601-650.

［3］ Ahuja A. , Nabar M. Safeguarding Banks and Containing Property Booms: Cross-Country Evidence on Macroprudential Policies and Lessons from Hong Kong SAR ［R］. IMF Working Paper, 2011.

［4］ Almeida H. , Campello M. , Liu C. The Financial Accelerator: Evidence from the International Housing Market ［J］. Review of Finance, 2006 （10）: 321-352.

［5］ Amisano G. , Giannini C. Impulse Response Analysis and Forecast Error Variance Decomposition in SVAR Modelling ［M］. Springer, 1997.

［6］ Baker S. R. , Bloom N. , Davis S. J. Measuring Economic Policy Uncertainty ［R］. CEP Discussion Papers, 2015.

［7］ Baxter M. , King R. G. Measuring Business Cycles: Approximate Band-Pass Filters For Economic Time Series ［J］. Review of Economics & Statistics, 1999, 81 （4）: 575-593.

［8］ Beaudry P. , Portier F. Stock Prices, News, and Economic Fluctuations ［J］. American Economic Review, 2006, 96 （4）: 1293-1307.

[9] Benes J., Kumhof M., Laxton D. Financial Crises in DSGE Models: A Prototype Model [R]. IMF Working Papers, 2014, 14 (57).

[10] Bernanke B. S., Gertler M., Gilchrist S. The Financial Accelerator in a Quantitative Business Cycle Framework [J]. Handbook of Macroeconomics, 1999 (1): 1341-1393.

[11] Bernanke B. S., Gertler M., Gilchrist S. The Financial Accelerator and the Flight to Quality [J]. Review of Economics and Statistics, 1996 (78): 1-15.

[12] Bernanke B. S. The Federal Reverse and the Financial Crisis [M]. Princeton University Press, 2012.

[13] Borio C., Disyatat P., Juselius M. Rethinking Potential Output: Embedding Information about the Financial Cycle [R]. Oxford Economic Papers, 2013, 69 (3).

[14] Borio C., Kharroubi E., Upper C., et al. Labour Reallocation and Productivity Dynamics: Financial Causes, Real Consequences [J]. BIS Working Papers, 2016, 19 (1): 1-15.

[15] Borio C. Secular Stagnation or Financial Cycle Drag? [J]. Business Economics, 2017, 52 (2): 1-12.

[16] Borio C. The Financial Cycle and Macroeconomics: What Have We Learnt? [J]. Journal of Banking & Finance, 2014, 45 (8): 182-198.

[17] Borio C., Zhu H. Capital regulation, Risk-taking and Monetary Policy: A Missing Link in the Transmission Mechanism? [J]. Financ. Stab, 2012, 8 (4): 236-251.

[18] Brunnermeier Markus, Yuliy Sannikov. A Macroeconomic Model with a Financial Sector [J]. American Economic Review, 2014, 104 (2): 379-421.

[19] Bruno V., Shin H. S. Capital Flows and the Risk-taking Channel of Monetary Policy [J]. Journal of Monetary Economics, 2015, 71 (apr.): 119-132.

[20] Calomiris C. W., Ramirez C. D. The Role of Financial Relationships in the History of American Corporate Finance [J]. Journal of Applied Corporate Finance, 1996, 9 (2): 52-73.

[21] Campbell Jeffrey, R., Evans, et al. Macroeconomic Effects of Federal Re-

serve Forward Guidance [R]. Brookings Papers on Economic Activity, 2012.

[22] Caruana J. Revisiting Monetary Policy Frameworks in the Light of Macropru-dential Policy [M]. BIS Speech, 2015.

[23] Cecchetti S. G., Kharroubi E. Why does Financial Sector Growth Crowd Out Real Economic Growth? [R]. CEPR Discussion Papers, 2015.

[24] Cecchetti S. G., Kohler M., Upper C. Financial Crises and Economic Ac-tivity [J]. Social Science Electronic Publishing, 2009: 137-146.

[25] Cerutti E., Claessens S., Laeven L. The Use and Effectiveness of Macro-prudential Policies: New Evidence [R]. IMF Working Papers, 2015.

[26] Chen H., Chen Q., Gerlach S. The Implementation of Monetary Policy in China: The Interbank Market and Bank Lending [J]. International Finance Review, 2013 (14): 31-69.

[27] Chen K., J. Ren, T. Zha. The Nexus of Monetary Policy and Shadow Bank-ing in China [J]. American Economic Review, 2018, 108 (12): 3891-3936.

[28] Claessens S., Ghosh S. R., Mihet R. Macro-Prudential Policies to Miti-gate Financial System Vulnerabilities [J]. Journal of International Money and Finance, 2013, 39 (C): 153-185.

[29] Claessens S., Kose M. A., Terrones M. E. How do Business and Financial Cycles Interact? [J]. Journal of International Economics, 2012, 87 (1): 178-190.

[30] Claessens S., Kose M. A., Terrones M. E. What Happens During Reces-sions, Crunches and Busts? [J]. Economic Policy, 2009 (60): 653-700.

[31] Committee B. An Assessment of the Long-term Economic Impact of Stronger Capital and Liquidity Requirements [R]. August 2010.

[32] Diamond D. W, Dybvig P. H. Bank Runs, Deposit Insurance, and Liquid-ity [J]. The Quarterly review, 2000, 24 (1): 401-419.

[33] Drehmann M., Borio C., Tsatsaronis K. Anchoring Countercyclical Capital Buffers: The Role of Credit Aggregates [J]. Bis Working Papers, 2011, 7 (4): 189-240.

[34] Drehmann M., Borio C., Tsatsaronis K. Characterising the Financial Cycle:

Don't Lose Sight of the Medium Term! [J]. Bis Working Papers, 2012, 68 (3): 1-18.

[35] Eggertsson Gauti B., Paul Krugman. Debt, Deleveraging, and Liquidity Trap: A Fisher-Minsky-Koo Approach Quarterly [J]. Journal of Economics, 2012, 127 (3): 1469-1513.

[36] Ehrmann M., Fratzscher M., Born B. Central Bank Communication on Financial Stability [R]. Working Paper Series, 2011.

[37] Fisher I. The Debt-Deflation Theory of Great Depressions [J]. Review of the International Statistical Institute, 1934, 1 (4): 48-65.

[38] Freixas Xavier, Luc Laeven, Jose-Luis Peydró. Systemic Risk, Crises and Macroprudential Policy [M]. Boston, Massachusetts: MIT Press, 2015.

[39] Galati G., Moessner R. What Do We Know About the Effects of Macroprudential Policy? [J]. Economica, 2018, 85 (340): DOI: 10. 1111/ecca. 12229.

[40] Gertler B. M. Agency Costs, Net Worth, and Business Fluctuations [J]. The American Economic Review, 1989, 79 (1): 14-31.

[41] Gertler M., Kiyotaki N. Financial Intermediation and Credit Policy in Business Cycle Analysis [J]. Handbook of Monetary Economics, 2010 (3): 547-599.

[42] Gertler M., Kiyotaki N., Prestipino A. A Macroeconomic Model with Financial Panics [R]. NBER Working Papers, 2017.

[43] Gomes S., Iskrev N. and Mendicino C. Monetary Policy Shocks: We Got News [J]. Journal of Economic Dynamics and Control, 2017, 74 (1): 108-128.

[44] Gonzalez R. B., Lima J., Marinho L. Business and Financial Cycles: An Estimation of Cycles' Length Focusing on Macroprudential Policy [R]. Working Papers, 2015.

[45] Gourinchas P. O., Obstfeld M. Stories of the Twentieth Century for the Twenty-first [J]. American Economic Journal: Macroeconomics, 2012, 4 (1): 226-265.

[46] Gregorio J. D., Guidotti P. E. Financial Development and Economic Growth [J]. International Journal of Finance & Economics, 1995, 23 (2):

131-150.

[47] Guerrieri Veronica, Guido Lorenzoni. Credit Crises, Precautionary Savings and the Liquidity Trap [J]. Quarterly Journal of Economics, 2017, 132 (3): 1427-1467.

[48] Hamilton J. D. A New Approach to the Economic Analysis of Nonstationary Time Series and the Business Cycle [J]. Econometrica, 1989, 57 (2): 357-384.

[49] Hassani H. Singular Spectrum Analysis: Methodology and Comparison [J]. Journal of Data Science, 2007 (5): 239-257.

[50] He Z., Krishnamurthy A. A Macroeconomic Framework for Quantifying Systemic Risk [R]. Working Paper, 2014.

[51] Hodrick R. J., Prescott E. C. Postwar U. S. Business Cycles: An Empirical Investigation [J]. Journal of Money Credit and Banking, 1997, 29 (1): 1-16.

[52] Huseyin G., Mihai I. Policy Uncertainty and Corporate Investment [J]. Ssrn Electronic Journal, 2013 (29).

[53] Iacoviello M., Neri S. Housing Market Spillovers: Evidence from an Estimated DSGE Model [J]. American Economic Journal: Macroeconomics, 2010, 2 (2): 125-164.

[54] Iacoviello M. Financial Business Cycles [J]. Review of Economic Dynamics, 2015, 18 (1): 140-163.

[55] Iacoviello M. House Prices, Borrowing Constraints, and Monetary Policy in the Business Cycle [J]. American Economic Review, 2005, 95 (3): 739-764.

[56] Iacoviello M., Minetti R. The Credit Channel of Monetary Policy: Evidence from the Housing Market [J]. Journal of Macroeconomics, 2008, 30 (1): 69-96.

[57] IMF. Key Aspects of Macroprudential Policy: Background Paper [R]. IMF Policy Paper, 2013 June 10.

[58] Jiménez G., Ongena S., JL Peydró et al. Macroprudential Policy, Countercyclical Bank Capital Buffers and Credit Supply: Evidence from the Spanish Dynamic Provisioning Experiments [J]. Journal of Political Economy, 2017, 125 (6): 2126-

2177.

[59] J. Klingelhöfer, Sun R. Macroprudential Policy, Central Banks and Financial Stability: Evidence from China [R]. Mpra Paper, 2017.

[60] José Viñals, Olivier Blanchard, Siddharth Tiwari. Monetary Policy and Financial Stability [R]. Report Prepared by IMF Staff and Completed on August 28, 2015.

[61] Jr R. Expectations and the Neutrality of Money [J]. Journal of Economic Theory, 1972, 4 (2): 103-124.

[62] Jurado K., Ludvigson S. C., Ng S. Measuring Uncertainty [J]. American Economic Review, 2015, 105 (3): 1177-1216.

[63] Juselius M., Borio C., Disyatat P., et al. Monetary Policy, the Financial Cycle and Ultra-low Interest Rates [R]. BIS Working Papers, No. 569, July 2016.

[64] Kim K., Pagan A. R. The Econometric Analysis of Calibrated Macroeconomic Models, Handbook of Applied Econometrics in Macroeconomics [M]. Oxford: Blackwell, 1995: 356-390.

[65] Kim S., Chen H. From a Quantity to an Interest Rate-Based Framework: Multiple Monetary Policy Instruments and Their Effects in China [R]. HKIMR Working Paper, 2019 (1).

[66] Kiyotaki Nobuhiro, John Moore. Credit Cycles [J]. Journal of Political Economy, 1997, 105 (2): 211-248.

[67] Krolzig H. M. The Markov-Switching Vector Autoregressive Model [M]. Springer Berlin Heidelberg, 1997.

[68] Levine R. Finance and Growth: Theory and Evidence [M]. Handbook of Economic Growth 1, 2005.

[69] Lim C. H. Macroprudential Policy: What Instruments and How to Use Them? Lessons from Country Experiences [J]. IMF Working Papers, 2011, 11 (238): 1.

[70] Lowe P., Borio C. Asset Prices, Financial and Monetary Stability: Exploring the Nexus [R]. BIS Working Papers, 2002.

［71］Marlene Amstad, Guofeng Sun, Wei Xiong. The Handbook of China's Financial System [M]. Princeton: Princeton University Press, 2020.

［72］Mendona H. F. D., Moraes C. O. D. Central Bank Disclosure as a Macroprudential Tool for Financial Stability [J]. Economic Systems, 2018, 42 (4): 625–636.

［73］Mendoza E., Terrones M. An Anatomy of Credit Booms and Their Demise [R]. Central Bank of Chile Working Papers, 2012, 15 (2): 4–32.

［74］Mian A. R., Sufi A. The Consequences of Mortgage Credit Expansion: Evidence from the U. S. Mortgage Default Crisis [J]. Quarterly Journal of Economics, 2009, 124 (4): 1449–1496.

［75］Milani F., Treadwell J. The Effects of Monetary Policy "News" and "Surprises" [J]. Journal of Money Credit & Banking, 2012, 44 (8): 1667–1692.

［76］Minsky H. John Maynard Keynes [M]. Columbia University Press, 1975.

［77］Morris S., Shin H. S. Coordinating Expectations in Monetary Policy [M]. Levine's Bibliography, 2007.

［78］Nowotny E., D Ritzberger–Grünwald, P. Backé. Financial Cycles and the Real Economy [M]. Edward Elgar, 2014.

［79］Ò Jordà, Schularick M., Taylor A. M. Betting the House [J]. Social Science Electronic Publishing, 2015, 96 (1): S2–S18.

［80］Paolo G., Lansing K. J., James N. G. Leaning Against the Credit Cycle [J]. Journal of the European Economic Association, 2015 (5).

［81］Pigou A. C. Industrial Fluctuations [M]. London: MacMillan, 1927.

［82］Praet P. Financial Cycles and Monetary Policy [R]. Financial Market Research, 2016.

［83］Rajan R., Zingales L. Financial Dependence and Growth [J]. Socialence Electronic Publishing, 1998, 88 (3): 559–586.

［84］Reinhart C. M., Reinhart V. R. After the Fall [J]. NBER Working Papers, 2010, 45 (4): 17–60.

［85］Rey H. Dilemma not Trilemma: The Global Financial Cycle and Monetary

Policy Independence [R]. NBER Working Paper, No. 21162, May 2015.

[86] Rodrigo Barbone Gonzalez. Business and Financial Cycles: An Estimation of Cycles' Length Focus on Macroprudential Policy [R]. Brasllia Working Papers Series, No. 385, 2015.

[87] Sami, Alpanda, Sarah, et al. Addressing Household Indebtedness: Monetary, Fiscal or Macroprudential Policy? [J]. European Economic Review, 2017 (92): 47-73.

[88] Schularick M., A. M. Taylor. Credit Booms Gone Bust: Monetary Policy, Leverage Cycles, and Financial Crises, 1870-2008 [J]. American Economic Review, 2012, 102 (2): 1029-1061.

[89] Sella L., Vivaldo G., Groth A., et al. Economic Cycles and Their Synchronization: A Survey of Spectral Properties [J]. Economy and Society, 2013 (105): 1.

[90] Settlements B. Operationalising the Selection and Application of Macroprudential Instruments [R]. CGFS (Committee on the Global Financial System) Papers, 2012.

[91] Stein F. Risk Management, Capital Budgeting, and Capital Structure Policy for Financial Institutions: An Integrated Approach [J]. Journal of Financial Economics, 1998.

[92] Strohsal T., Proao C. R., Wolters J. Characterizing the Financial Cycle: Evidence from a Frequency Domain Analysis [J]. Journal of Banking & Finance, 2019 (106): 568-591.

[93] Svensson S., Lars E. O. Comment on Michael Woodford, "Inflation Targeting and Financial Stability" [J]. Sveriges Riksbank Economic Review, 2012 (1): 33-39.

[94] Svensson S., Lars E. O. Cost – Benefit Analysis of Leaning Against the Wind: Are Costs Larger Also with Less Effective Macroprudential Policy? [R]. Working Paper, 2016.

[95] Terrones M., Kose A., Claessens S. How Do Business and Financial Cy-

cles Interact？［R］. IMF Working Papers，2011.

［96］Terrones M．，Kose M. A．，Claessens S. Financial Cycles：What？How？ When？［R］. IMF Working Papers，2011，11（76）：1.

［97］Vautard R．，Ghil M. Singular – Spectrum Analysis：A Toolkit for Short， Noisy Chaotic Signals［J］. Physica D，1992（58）：95–126.

［98］Vautard R．，Yiou P．，Ghil M. Singular–spectrum Analysis：A Toolkit for Short，Noisy Chaotic Signals［J］. Physica D，1992，158（1–4）：95–126.

［99］Viñals José. Making Macroprudential Policy Work. Speech given at the Brookings Institution［M］. Washington D. C．，September 16，2013.

［100］Voutilainen V. Wavelet Decomposition of the Financial Cycle：An Early Warning System for Financial Tsunamis［R］. Research Discussion Papers，2017.

［101］Wong T. C．，Fong T．，Li K. F．，et al. Loan–to–Value Ratio as a Macro- prudential Tool – Hong Kong's Experience and Cross – Country Evidence［R］. Hong Kong Monetary Authority Working Paper，2011：No. 1101.

［102］Woodford M. Inflation Targeting and Financial Stability［R］. NBER Work- ing Paper，2012，No. 17967.

［103］Woodford M. Monetary Policy in the Information Economy［R］. Nber Working Papers，2001，No. 8674.

［104］Xu Z．，M. Ji，M. Niu，et al. China's Monetary Policy Transformation： Trajectory of Transition and Reflections on Crises［R］. May 2018.

［105］Yi Gang. Chinese Economy：Structural Transformation，Monetary Policy and Financial Reform［R］. PPT Presentation at Hong Kong Monetary Authority，No- vember，2017.

［106］Y. S. Schüler，Hiebert P．，Peltonen T. A. Characterising the financial cy- cle：A multivariate and time-varying approach［R］. Working Paper Series，2015.

［107］陈昆亭，周炎. 防范化解系统性金融风险——西方金融经济周期理论货币政策规则分析［J］. 中国社会科学，2020（11）：192–203.

［108］陈雨露，马勇，阮卓阳. 金融周期和金融波动如何影响经济增长和金融稳定［J］. 金融研究，2016（2）：1–22.

[109] 程海星．金融周期与"双支柱"调控效果 [J]．国际金融研究，2018（9）：35-44.

[110] 邓创，徐曼．中国的金融周期波动及其宏观经济效应的时变特征研究 [J]．数量经济技术经济研究，2014（9）：75-91.

[111] 范小云，袁梦怡，肖立晟．理解中国的金融周期：理论、测算与分析 [J]．国际金融研究，2017（1）：28-38.

[112] 方芳，刘鹏．中国金融顺周期效应的经济学分析 [J]．国际贸易问题，2010（8）：120-128.

[113] 方意，陈敏．经济波动、银行风险承担与中国金融周期 [J]．世界经济，2019（2）：3-25.

[114] 方意．系统性风险的传染渠道与度量研究——兼论宏观审慎政策实施 [J]．管理世界，2016（8）：32-57+187.

[115] 高然，龚六堂．土地财政、房地产需求冲击与经济波动 [J]．金融研究，2017（4）：32-45.

[116] 高铁梅．计量经济分析方法与建模——EViews 应用及实例（第二版）[M]．北京：清华大学出版社，2009.

[117] 郭豫媚，陈彦斌．预期管理的政策实践与改进措施 [J]．中国人民大学学报，2017（5）：64-71.

[118] 何德旭，冯明．新中国货币政策框架 70 年：变迁与转型 [J]．财贸经济，2019（9）：5-20.

[119] 侯成琪，龚六堂．部门价格粘性的异质性与货币政策的传导 [J]．世界经济，2014（7）：23-44.

[120] 胡成春，陈迅．经济政策不确定性、宏观经济与资产价格波动——基于 TVAR 模型及溢出指数的实证分析 [J]．中国管理科学，2020，28（11）：61-70.

[121] 雷霖．影子银行规模、房地产价格与金融稳定性 [J]．经济与管理研究，2018（11）：107-117.

[122] 李斌，吴恒宇．对货币政策和宏观审慎政策双支柱调控框架内在逻辑的思考 [J]．金融研究，2019（12）：1-17.

[123] 李拉亚．宏观审慎管理的理论基础研究 [M]．北京：经济科学出版

社，2016：245-249.

[124] 李拉亚. 双支柱调控框架的新目标制研究 [J]. 管理世界，2020（10）：27-41.

[125] 李拉亚. 通货紧缩测度指标及数据变化研究 [J]. 经济学动态，2016（5）：74-86.

[126] 李拉亚. 通货膨胀机理与预期 [M]. 北京：中国人民大学出版社，1991.

[127] 李拉亚. 通货膨胀与不确定性 [M]. 北京：中国人民大学出版社，1995.

[128] 李扬. 金融学大辞典 [M]. 北京：中国金融出版社，2014.

[129] 刘一楠. 信贷约束、房地产抵押与金融加速器——一个 DSGE 分析框架 [J]. 财经科学 2017（2）：12-24.

[130] 马勇，陈雨露. 金融杠杆，杠杆波动与经济增长 [J]. 经济研究，2017（6）：31-45.

[131] 马勇，冯心悦，田拓. 金融周期与经济周期——基于中国的实证研究 [J]. 国际金融研究，2016（10）：3-14.

[132] 马勇，张靖岚，陈雨露. 金融周期与货币政策 [J]. 金融研究，2017（3）：33-53.

[133] 孟宪春，张屹山，李天宇. 中国经济"脱实向虚"背景下最优货币政策规则研究 [J]. 世界经济，2019（5）：27-48.

[134] 潘长春. 经济周期、金融周期与货币政策关联机制的理论分析与计量研究 [D]. 长春：吉林大学，2017.

[135] 彭文生. 渐行渐近的金融周期 [M]. 北京：中信出版集团，2017.

[136] 孙国峰. 后危机时代的全球货币政策新框架 [J]. 国际金融研究，2017（12）：47-52.

[137] 孙国峰，贾君怡. 中国影子银行界定及其规模测算——基于信用货币创造的视角 [J]. 中国社会科学，2015（11）：92-110.

[138] 王立勇，张良贵，刘文革. 不同粘性条件下金融加速器效应的经验研究 [J]. 经济研究，2012（10）：69-81.

[139] 王曦，王茜，陈中飞. 货币政策预期与通货膨胀管理——基于消息冲击的 DSGE 分析 [J]. 经济研究，2016（2）：16-29.

[140] 吴化斌，许志伟，胡永刚等. 消息冲击下的财政政策及其宏观影响 [J]. 管理世界，2011（9）：26-39.

[141] 徐海云，陈黎明，向书坚. 中国货币供应时序结构的奇异谱分析 [J]. 财经理论与实践，2010（1）：7-12.

[142] 伊楠，张斌. 度量中国的金融周期 [J]. 国际金融研究，2016（6）：13-23.

[143] 易纲. 再论中国金融资产结构及政策含义 [J]. 经济研究，2020（3）：4-17.

[144] 张超，任志宏. 中国金融周期与经济周期的联动效应研究 [J]. 南方金融，2018（8）：3-14.

[145] 张成思，党超. 基于双预期的前瞻性货币政策反应机制 [J]. 金融研究，2017（9）：1-17.

[146] 张成思，计兴辰. 前瞻性货币政策转型与资产价格预期管理效果评估 [J]. 国际金融研究，2019（5）：3-12.

[147] 张晓慧. 宏观审慎政策在中国的探索 [J]. 中国金融，2017（11）：23-25.

[148] 赵胜民，何玉洁. 影子银行对货币政策传导与房价的影响分析——兼论宏观审慎政策与货币政策协调 [J]. 经济科学，2018（1）：83-95.

[149] 中国人民大学"大宏观"课题组，陈彦斌. 宏观政策评价报告 2018 [J]. 经济研究参考，2018（3）：1-7.

[150] 庄子罐，崔小勇，龚六堂，等. 预期与经济波动——预期冲击是驱动中国经济波动的主要力量吗？[J]. 经济研究，2012（6）：46-59.

后　记

　　《中国金融周期的测度、机制与政策应对研究》一书是在我博士论文的基础上完成的。在攻读博士期间，偶然读到国际清算银行（BIS）货币与经济部门主管 Claudio Borio 的一篇关于金融周期的文章，当即就被作者前瞻性的学术思维所吸引，当时国内很少有学者关注中国的金融周期现象。彼时 2018 年，西方发达国家经济增长乏力，但房地产、股市等金融资产价格飞涨；而中国尽管保持中高速经济增长，但房地产价格处于历史最高点，宏观杠杆率增长较快，尤其是私人部门的宏观杠杆率。本书正是在这样的背景下展开研究的。

　　本书力争探索中国金融周期的独特运行特征，试图揭示金融周期背后的运行逻辑，以及与经济周期交互影响的阶段性特征，并探讨如何运用宏观经济政策熨平金融周期，使金融周期与经济周期之间实现良性互动。

　　本书的目的是为对此感兴趣的读者搭建一个初步的中国金融周期研究框架。在我的能力范围内，尽管本书已经尽可能地从现有研究上予以突破，但是关于金融周期依然有很多问题没有研究涉及或没有研究透。例如，中国的金融周期与西方发达国家的金融周期在运行机制上有什么本质区别，以及中国金融周期与财政政策的关系如何，在政策应对方面，中国与西方国家采取的宏观经济政策及政策依据有什么不同。这些问题是今后我研究的重点，也希望感兴趣的读者在这些方面做进一步深入的研究。

　　同时，我也希望通过这本书，能够引起投资者对金融周期的认识和重视，更好地理解金融周期的本质，把握金融周期波动的规律，从而为投资决策提供一定的参考。尽管我们无法完全预测或控制金融周期，但是理解金融周期运行的背后逻辑，才能做到未雨绸缪，无论是对于个人投资者还是政策制定者，都是很有必要的。

　　本书得以顺利出版，首先离不开导师李拉亚教授对我的指导。自从第一次见到李老师，我就被他深厚的学术功底所折服。李老师看似非常严肃、不苟言笑，但事实上对待学生平易近人、幽默风趣。每一次与李老师的沟通，总有一种醍醐灌顶、豁然开朗的感觉。李老师不仅能一针见血地指出我写作的不足，更重要的是还指导我如何提升写作的论述层次和理论深度。平时李老师不仅在如何做研究上指导我、帮助我，还总是不断地鼓励我，提升我的自信心。我自幼非常自卑，可以说没有李老师的指导和帮助，我不可能完成本书的写作，老师的谆谆教诲和热心关怀，使我终生难忘！其次，我也想特别感谢安徽大学的许文立老师，在本书写作过程中许老师多次指导我，帮助我解决了很多技术性问题。最后，我想感谢我的父母和我的女儿，他们的支持是我写作的后盾！任心露小朋友每次在我忙碌没空陪她的时候，总是默默地走开，一个人去看书或玩玩具。或许我对她不仅仅是感谢，更多的是愧疚，希望她每一天都快乐成长！

郑小琴

2024 年 4 月 11 日